Margret Nußbaum

Die schönsten Familien-Rituale

111 Rituale
durchs ganze Jahr

Inhalt

Vorwort 8

1. Vom ersten Hahnenschrei bis zur Traumstunde
Guten Morgen, liebe Sonne! 10
Hurtig, Kinder! Kommt zu Tisch! 12
Guten Abend, gute Nacht! 14
Schritte zum Familienfrieden 16
Wenn Katzenkinder schlafen gehen 18

2. Wir tun einander gut
Vom Abschied und vom Wiedersehen 20
Nick und der Zauberstein 22
Mäuseschnupfen 23
Mit viel Liebe gesund werden 24
Was verletzte Kinderseelen heilt 25

3. Rituale für besondere Zeiten
Wochenende: Endlich alle zusammen! 26
Warum Verwandte für Kinder so wichtig sind ...27
Die Befreiung des Indianerhäuptlings 28
„Nun bin ich schon groß!" 29
Richtig schön Geburtstag feiern 30

4. Der Frühling zieht ins Land

Die ersten Frühlingsboten...32

Ein Käfer geht auf Reisen...34

Der Osterhase hat verschlafen...35

Wenn Osterhasen hoppeln..36

5. Ein Koffer voller Sommerfreuden

Grüne Freunde und rote Früchtchen..............................38

Warum der Mond am Himmel steht..............................40

Abenteuer pur – auch ohne Urlaubsreise......................42

6. Bunt und lustig ist der Herbst

Kartoffelfest und Geisterspuk..44

Der Wassergeist..46

Drachenflug, Nebelfee und Martinsabend....................48

7. Weihnachtsduft und Schneegestöber

Wir warten auf Weihnachten..50

Das Kornwunder von Myra...53

Zauberhafte Weihnachtstage...54

Gucklöcher für Engel..56

Das neue Jahr hat warme Stiefel an...............58

Vorwort

Vieles im Alltagsleben ist ritualisiert, ohne dass wir uns dessen bewusst sind: das gemeinsame Frühstück mit fünf Minuten Klönen hinterher; das Winken am Küchenfenster, wenn die Kinder zur Schule gehen; der Familienchor, der das Geburtstagskind mit einem Ständchen weckt; das Anzünden der ersten Kerze am Adventskranz; das Zubettgehritual. In jeder Familie gibt es zur regelmäßigen Gewohnheit gewordene Handlungen, die über Jahre hinweg Bestand haben und die wir gern an spätere Generationen weitergeben.

Rituale helfen Kleinen und Großen, das Leben zu ordnen und dem Alltag Struktur zu geben. Von ihnen geht eine ganz besondere Kraft aus. Denn Rituale sind sozusagen Antriebswellen für ein harmonisches Miteinander in der Familie. Sie vermitteln ein Gefühl von Sicherheit und Geborgenheit und sind wichtige Begleiter auf dem Lebensweg. Es tut Eltern und Kindern also gut, sich näher mit den Ritualen zu beschäftigen, dabei alte Familientraditionen wieder aufleben zu lassen, aber auch neue Wege zu gehen. Wissenschaftler haben herausgefunden, dass es zwischen der Pflege von Ritualen und der seelischen Gesundheit und Intelligenz von Kindern einen Zusammenhang gibt. Rituale sind wie Balsam für die Seele und damit das beste Heilmittel gegen schädliche Einflüsse von außen.

Die Sehnsucht nach festen Riten ist ein Grundbedürfnis aller Menschen in allen Kulturen. Rituale begleiteten schon unsere Urahnen durch den Tag und durch das Jahr. Daran hat sich zum Glück nichts geändert. Und so bringen uns die Rituale auch heute noch in Verbindung mit unseren familiären und kulturellen Wurzeln.

Dieses Buch begleitet Familien durch den Tag und durch das Jahr. Es liefert jede Menge Impulse und Ideen für Eltern, die ihren Kindern Orientierungspunkte in einer immer schnelllebigeren Zeit geben möchten. Kinder brauchen solche Fixpunkte. Sie machen aus ihrem Alltag eine verlässliche Größe. Wer achtsam in den Tag startet, wird ihn positiver erleben und sich auch von kleinen Ärgernissen nicht aus der Bahn werfen lassen. Auch die Familienmahlzeit und der gemeinsame Abend werden von Ritualen bestimmt. Sie sind wie Farbtupfer im Alltag und stärken das Wir-Gefühl in der Familie.

Rituale ziehen sich wie ein roter Faden durchs Leben. Das wird besonders auch beim gemeinsamen Erleben der Jahreszeiten deutlich. Dazu finden Eltern und Kinder in diesem Buch besonders viele Anregungen. Eine große Rolle spielen dabei alte Bräuche, bei denen es sich lohnt, sie wieder neu aufleben zu lassen.

Einen weiteren Schwerpunkt bilden besondere Zeiten: Wochenende, Familienfeste, Kindergeburtstage, der erste Tag im Kindergarten oder in der Schule: All diese Ereignisse brauchen einen besonderen Rahmen. Von solchen Erinnerungen zehren Kinder ein Leben lang.
Doch auch vom Abschied und vom Wiedersehen, von Krankheit und Kinderkummer ist in diesem Buch die Rede. Liebevolle Rituale helfen den Jüngsten, auch schwere Zeiten gut zu überstehen.

Zu jedem Kapitel gibt es kleine Vorlesegeschichten, die genau zum Thema passen – etwa von den Katzenkindern, die nicht einschlafen möchten, oder vom Käfer, der auf Reisen geht. Die vielen Ideen und Geschichten machen das Buch zu einer Fundgrube für die ganze Familie.

1. Vom ersten Hahnenschrei bis zur Traumstunde

Guten Morgen, liebe Sonne!
Liebevoll geweckt werden, das Frühstück im Kreis der Familie genießen und sich gut gelaunt auf den Weg zum Kindergarten, zur Schule oder zum Arbeitsplatz machen: So fängt der Tag gut an. Mit schönen Weckritualen geben Sie Ihren Kindern ein gutes Rüstzeug gegen Kummer und Ärger mit auf den Weg. Kleinen und Großen tut ein sanfter Übergang zwischen Traumstunde und erstem Hahnenschrei gut.

Raus aus den Federn!
Ein fröhliches „Zeit zum Aufstehen! Raus aus den Federn!", die Bettdecke wegziehen und die Rollos am Fenster mit Schwung hochziehen – das ist für die meisten kein sanftes Weckritual. Es gibt allerdings Kinder, die morgens fröhlich aus dem Bett springen und schon voller Tatendrang stecken. Für diese „Stehaufmännchen" ist ein geräuschvolles, fröhliches Guten-Morgen-Ritual das Richtige.

Für kleine Langschläfer, die morgens nur schwer aus den Federn kommen, gibt es andere Rituale. Hier einige Beispiele:
- Singen Sie Ihren Kindern zur Begrüßung ein Lied, etwa: „Wachet auf, es kräht der Hahn!", oder „Bruder Jakob, schläfst du noch?"
- Lassen Sie eine CD mit Vogelgezwitscher und dem Plätschern von Wasser abspielen.
- Manche Kinder mögen immer noch die Spieluhr aus Babytagen. Auch sie ist ein schönes Weckritual. Das Kind weiß: Wenn die Melodie verstummt, ist es Zeit zum Aufstehen.
- Setzen Sie sich zu Ihrem Kind ans Bett und streicheln Sie es sanft wach. Erzählen Sie ihm leise, wie das Wetter ist: „Die Sonne hat ihre Strahlenkinder schon zur Erde geschickt. Eines von ihnen scheint in dein Zimmer hinein. Wollen wir es begrüßen?" Oder: „An deine Fensterscheibe prasseln Regentropfen. Sie möchten dir schnell Guten Morgen sagen, bevor sie sich auf der Fensterbank zu einer Pfütze sammeln."

Morgendliches Fingerspiel
Auch Fingerspiele stehen bei kleinen Morgenmuffeln hoch im Kurs. Nehmen Sie die Hand Ihres Kindes und streicheln Sie zum folgenden Vers die einzelnen Finger:

Die fünf Finger, die schlafen fest
wie fünf Vögelein im Nest.
Sie schlafen die ganze Nacht,
erst am Morgen sind sie erwacht.
Zuerst der Vater,
dann die Mutter,
dann der Bruder,
dann die Schwester.
Und zuletzt der kleine
Bi-Ba-Butzemann.

Aufstehen mit Geschichte
Falls alle Versuche, Ihr Kind aus dem Bett zu bekommen, fehlschlagen, hilft vielleicht folgendes Ritual: Sie verstecken im Kinderzimmer einen hörbar tickenden Küchenwecker, den Sie auf zwei Minuten einstellen. Wenn Ihr Kind den Wecker vor dem Bimmeln entdeckt, lesen Sie ihm zur Belohnung eine kleine Geschichte vor. Aber dann noch mal unter die Bettdecke kriechen gilt nicht!

Achtsam in den Tag starten

Ein neuer Tag ist immer auch ein neuer Anfang. Ärger, Kummer, Missgeschicke vom letzten Tag sollten der Vergangenheit angehören.

- Ein Ritual des Neubeginns ist ein Abreißkalender mit dicken schwarzen Zahlen für den Werktag und roten für Sonn- und Feiertage. Die Kinder dürfen abwechselnd morgens vor dem Frühstück ein Blatt abreißen.
- Wichtig ist, sich ganz auf ein Ritual einzulassen. Ihre Kinder spüren, wenn Sie mit den Gedanken bereits bei der Arbeit sind. Lassen Sie sich beim Frühstück Zeit und verbannen Sie Zeitung und Aktentasche ins Nebenzimmer.
- Kinder tun die munteren Plaudereien am Tisch gut. Sie stärken das Gemeinschaftsgefühl und schenken ihnen die Gewissheit: Wir trennen uns zwar gleich, aber umso schöner wird es sein, wenn wir mittags oder abends wieder alle zusammen sind.
- Die immer gleich Tasse und das Tischset mit den lustigen Motiven gehören für Kinder zum Morgenritual dazu.
- Gerade morgens ist ein strukturierter Ablauf wichtig. Bereits Kinder können kleine Aufgaben übernehmen, damit am Ende alle ohne Hetze in ihre Mäntel und Jacken schlüpfen können.

Tipps zum Zeitsparen

- Sie sparen eine Menge Zeit, wenn Sie vor dem Zubettgehen den Frühstückstisch decken.
- Legen Sie am Vorabend zurecht, was Sie am nächsten Morgen beim Start zur Arbeit und zur Schule/zum Kindergarten brauchen. Dazu gehört auch Kleidung.
- Schreiben Sie alles auf, was erledigt werden muss, zum Beispiel Einkäufe und Besorgungen. Auf dem Weg nebenbei erledigt, spart das viel Zeit, die Ihnen und Ihrer Familie am nächsten Tag zugute kommt.

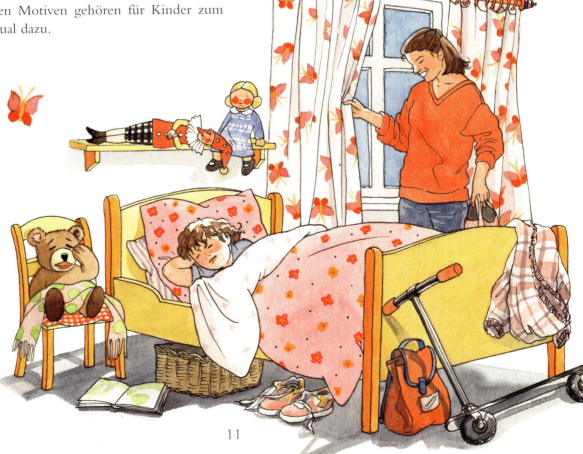

Hurtig, Kinder! Kommt zu Tisch!

Gemeinsame Mahlzeiten fördern die Gesprächskultur in der Familie. Einander ausreden lassen, aufmerksam zuhören, teilen, aufeinander Rücksicht nehmen, gute Essmanieren: All dies üben Kinder am Familientisch ein. Achten Sie darauf, auch an hektischen Tagen wenigstens eine Mahlzeit am Tag zu finden, an der alle teilnehmen. Sie bildet neben anderen Ritualen im Tageslauf einen festen Pol. Und das kommt dem Grundbedürfnis von Kindern nach einer gewissen Ordnung entgegen. Kleine Leute brauchen im Alltag feste Strukturen, an denen sie sich orientieren können. Mahlzeiten in Familienkreis gehören dazu. Wenn sich alle am Tisch einfinden, entsteht Gemeinschaft. Dies beginnt schon beim Frühstück. Es dient dazu, Kraft zu tanken für die Anforderungen des Tages – sowohl körperlich als auch seelisch. An den Familientisch kehren wir mittags und abends gern wieder zurück. Hier fühlen wir uns angenommen und geborgen.

Wenn alle eintrudeln

- Die gemeinsame Mahlzeit beginnt bereits, bevor alle Platz nehmen. Kündigen Sie etwa zehn Minuten vor dem Essen an, wann es los geht. Jeder hat dann Gelegenheit, eine Arbeit oder ein Spiel zu beenden und sich aufs Essen einzustellen. Vielleicht vereinbaren Sie Geheimzeichen: Zehn Minuten vor dem Essen ertönt zweimal ein Gong oder ein Glöckchen und zwei Minuten vorher einmal. Spätestens dann heißt es: Ab ins Bad und Hände waschen!

- Treffen Sie mit allen Familienmitgliedern eine Vereinbarung: Während des Essens geht niemand ans Telefon. Die meisten Haushalte besitzen mittlerweile einen Anrufbeantworter. Ansonsten gilt: Wer etwas Wichtiges loswerden möchte, ruft auch später noch mal an.

- In manchen Familien wird ein Tischgebet gesprochen. Andere zaubern fröhliche Stimmung mit einem Tischvers. Jede Familie sollte für sich ein angemessenes Ritual finden. Wichtig ist für Kinder auch, dass sie immer auf einem bestimmten Platz sitzen dürfen.

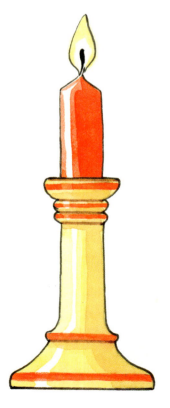

Ohne Regeln geht es nicht

Neben den Ritualen sind gewisse Grundregeln wichtig. Kinder befolgen sie, wenn sie damit von klein auf vertraut gemacht werden. Dies gilt auch für Tischsitten. Schon für die Jüngsten sollten folgende Grundregeln selbstverständlich sein:

- mit gewaschenen Händen am Tisch erscheinen;
- erst anfangen zu essen, wenn alle Familienmitglieder am Tisch sitzen;
- nicht mit vollem Mund sprechen oder trinken;
- nur die Hände auf dem Tisch aufstützen, nicht den ganzen Unterarm;
- nicht aufstehen, bevor der Letzte mit dem Essen fertig ist. Wenn Erwachsene nach dem Essen noch etwas am Tisch sitzen bleiben möchten, sollten Kinder aufstehen dürfen.

So wird die Mahlzeit zum Genuss

Ein wenig Glanz tut jedem Essen gut. Kerzen, Blumen und Servietten sollten nicht nur Feiertagen oder Gästen vorbehalten bleiben. Beim Tischschmuck ist Fantasie gefragt. Künstliche Blumen sind auf Dauer langweilig.

- Gehen Sie mit den Kindern bei Spaziergängen regelmäßig auf die Suche nach schönen Dingen für den Familientisch. Jede Jahreszeit hält eine reiche Auswahl bereit: Blumen im Frühling und Sommer, bunte Blätter, Kastanien, Eicheln und andere Baumfrüchte im Herbst, Tannenzweige mit Äpfeln und Nüssen im Winter.

- Zugegeben: Es ist verführerisch praktisch, das Essen gleich aus dem Topf auf den Teller zu füllen. Doch zu einer guten Esskultur gehört es, Schüsseln und Platten herumzureichen und sich gegenseitig zu bedienen. Kinder lernen dabei vor allem, ihren Appetit richtig einzuschätzen. Sie sollen wissen: Ein Nachschlag ist immer besser als Reste auf dem Teller.

- Auch Traditionen sind wichtig. Es ist für Kinder beeindruckend, wenn sie wissen: Dieses Gericht kam schon bei den Großeltern an Festtagen auf den Tisch.

- Kochen Sie hin und wieder reihum die Lieblingsspeisen Ihrer Kinder. Sie zeigen jedem einzelnen damit: „Ich möchte dir eine Freude machen und dich ein wenig verwöhnen." Das tut immer gut – auch wenn das Kind gerade keinen Kummer hat.

- Erklären Sie einen Tag in der Woche zum Glückstag. Da gibt es – am besten beim Frühstück – eine kleine Überraschung. Verstecken Sie ein Gummibärchen in einem Brötchen oder unter dem Müsli. Wer es findet, ist heute der Glückspilz und darf sich etwas wünschen: ein Spiel, eine Geschichte, den Lieblingspudding.

Guten Abend, gute Nacht!

Der Abend ist für die meisten Familien die am intensivsten erlebte Zeit.
Alle kommen zur Ruhe, dürfen Kräfte für den nächsten Tag sammeln. Wichtig ist es, bewusst loszulassen und sich vom Ballast des Arbeitsalltags zu befreien.

Abendrituale

Hier einige Rituale, die helfen, vom Stress des Tages Abstand zu gewinnen, und die Eltern und Kinder einander näher bringen.
- Die berühmte Runde um den Block ist ein heilsames Ritual. An der frischen Luft verraucht der Ärger. Die Bewegung entspannt und macht wieder frisch. Und die Kinder sind stolz, wenn sie Mama oder Papa zeigen dürfen, wo sie heute Versteck gespielt, wo sie den schönen Stein gefunden oder die Schneckenfamilie entdeckt haben.
- Auch der Plausch mit dem Nachbarn über den Gartenzaun hinweg gehört zur Feierabendkultur. Alle sind heimgekommen, können ihren Interessen nachgehen und sich darüber austauschen. Eine Bereicherung, denn es weitet den eigenen Horizont und die Sozialkompetenz. Es ist gut, wenn Kinder das schon von klein auf mitbekommen.
- Fürs Abendessen sollten Sie sich besonders viel Zeit nehmen. In vielen Familien ist es ohnehin die Hauptmahlzeit. Nun hat jeder Gelegenheit, seine Erlebnisse vom Tag loszuwerden. Für Kinder ist die Erfahrung wichtig: Auch für meine Mama und meinen Papa war tagsüber nicht immer alles im Lot.

Kummerfresser

Stellen Sie – am besten in der Nähe des Abendbrottisches – einen „Kummerkasten" auf: eine Schachtel, auf deren Deckel Sie ein schauriges Monstergesicht malen – mit einem Schlitz als Maul. Jeder schreibt oder malt auf einen Zettel, was ihn heute besonders geärgert oder bedrückt hat. Dann „füttert" jeder das Monster mit seinem Zettel. Es frisst den Ärger sofort auf. Und der hat sich plötzlich in Luft aufgelöst.

Geschichten aus der Vergangenheit

„Erzähl mir etwas von früher!" Diesen Wunsch können Sie Ihrem Kind wahrscheinlich nicht oft genug erfüllen. Kinder lieben alte Familiengeschichten. Sie finden es spannend zu hören, wie sie als Babys waren und was sie am liebsten gespielt haben.

Zeigen Sie den Kindern alte Fotos – auch von längst verstorbenen Verwandten – und erzählen Sie, was Sie von der Urgroßtante oder dem Urururgroßvater noch wissen. Mädchen und Jungen interessieren sich mehr für ihre eigenen Wurzeln als Eltern oft glauben.

Zärtlichkeit zwischen Tag und Traum

Kindern macht es großen Spaß, am Abend noch etwas im Schlafanzug herumzutollen. So schön Kissenschlachten sind: Wenn Ihre Kinder Probleme haben, anschließend wieder zur Ruhe zu finden, sollten Sie das Toben aufs Wochenende vertagen.

- Den meisten Kindern bekommt am Ende des Tages eher eine ruhigere Gangart. Richten Sie im Wohnzimmer einen gemütlichen Platz zum Kuscheln und Erzählen ein, etwa auf dem Sofa. Polstern Sie es zusätzlich mit Kissen und Decken aus.

- Manche Kinder können von Streicheleinheiten am Abend nicht genug bekommen. Ganz in sich versunken lauschen sie einer Märchenkassette, während Mama oder Papa sanft Arme, Beine oder Rücken streicheln.

- Das Erzählen oder Vorlesen von Märchen ist eines der Rituale, die schon seit Jahrhunderten Bestand haben. Kinder lieben Märchen. Die Bilder und Symbole sprechen Mädchen und Jungen von heute genauso an wie Generationen vorher. Deshalb haben auch Grimm & Co. nichts von ihrer Beliebtheit eingebüßt. Denn sie kommen dem Gerechtigkeitsempfinden von Kindern entgegen. Im Märchen werden immer die Bösen bestraft. Die Rolle der Guten übernehmen oft die Kleinen und Schwachen. Und mit denen können Kinder sich bestens identifizieren.

Ängste vertreiben

Der Abschied vom Tag fällt Kindern schwer. Liebevolle Zubettgehrituale bekommen deshalb gerade am Abend eine besondere Bedeutung. Sie geben Sicherheit und zaubern Ängste fort. „Papa ist der beste Monsterjäger", oder „Mama kennt einen Zaubertrick, mit dem sie jedes Gespenst in die Flucht schlägt": Der Glaube daran ist für Kinder zwischen drei und sechs Jahren wie ein Rettungsanker. Denn da befinden sie sich gerade in der Phase des magischen Denkens. Märchen- und Fantasiegestalten, ja sogar der Schatten an der Wand oder der Mond am Himmel können furchterregend lebendig werden.

Vertrauter Abschied in die Nacht

Gerade beim Zubettgehritual bestehen Kinder darauf, dass es immer gleich abläuft. Rituale sind in Übergangszeiten besonders wichtig. Dazu zählt der Wechsel vom Tag zur Nacht. Am Abend verarbeiten Kinder noch einmal ihre Tageserlebnisse. Dabei wiegen positive wie auch negative Gefühle doppelt. Streicheln, ein lustiges Fingerspiel, ein Schlaflied, die Gute-Nacht-Geschichte, das Kusshändchen an der Tür, Mamas und Papas vertraute Stimmen in der Nähe: All das schenkt Kindern Entspannung und ein beruhigendes Gefühl von Geborgenheit und Sicherheit.

Schritte zum Familienfrieden

Kinder bringen Eltern mit ihrem Trotz zur Weißglut. Geschwister zanken, dass die Fetzen fliegen. In keiner Familie herrscht jeden Tag eitel Sonnenschein. Manchmal sinkt die Stimmung auf den Gefrierpunkt. Alles ganz normal und kein Grund zur Sorge. Wenn Eltern ihren Kindern alle Probleme aus dem Weg räumen, werden diese nicht lernen, mit Konflikten umzugehen. Kinder müssen wissen, dass die Welt nicht immer kunterbunt, sondern manchmal auch grau sein kann. Sie sollten deshalb lernen, mit negativen Gefühlen zu leben und Konflikte fair auszutragen. Das können sie nur, wenn in der Familie viel erzählt, gesprochen und diskutiert wird. Kinder lernen dann schneller, ihre Gefühle zu beschreiben und ihren Standpunkt darzustellen. Dies ist die beste Grundlage einer guten Streitkultur. Wer das von klein auf in der Familie lernt, wird dabei auch die schöne Erfahrung machen: Ärger und Wut haben nicht das letzte Wort. Nach jedem Streit gibt es eine Versöhnung.

Konflikte müssen sein

Zugegeben: Geschwisterstreit zerrt an Elternnerven. Mütter und Väter fragen sich: Müssen unsere Kinder sich immer streiten? Ja, sie müssen! Denn auch Geschwister sind gegen Konflikte nicht gefeit. Wie sollten sie auch? Überall, wo Menschen zusammen leben, arbeiten und spielen, kommt es zu Meinungsverschiedenheiten. Denn es ist erstens unmöglich, alle Interessen und Bedürfnisse und zweitens auch noch die Erwartungen und Gefühle unter einen Hut zu bringen. Es kommt daher im Zusammenleben mit anderen zwangsläufig zu Interessenskonflikten. Kinder müssen lernen, aufeinander Rücksicht zu nehmen und fair zu streiten. So gesehen sind Geschwister-Konflikte für die soziale Entwicklung eines Kindes notwendig. Wichtig ist, wie Eltern auf den Streit reagieren. Viele machen die Beobachtung, dass die beiden Kampfhähne sich am schnellsten beruhigen, wenn man sie in Ruhe lässt.

Bei Fouls die Rote Karte

Schon die Kleinsten sollten beim Streiten gewisse Regeln der Fairness beachten. Denn wie bei den Tischmanieren geht es auch bei Geschwisterkonflikten nicht ohne feste Vereinbarungen. Eltern sollten sich auf jeden Fall einmischen, wenn
- die beiden Streithammel außer sich vor Wut sind, sodass Verletzungsgefahr droht;
- eines der Kinder deutlich unterlegen ist;
- die Eltern sich wegen der lautstarken Beschimpfungen nicht mehr unterhalten können;
- Dinge beim Streit zu Bruch gehen;
- Gäste Zeugen dieser unschönen Auseinandersetzung werden.

Streitregeln für Kleine und Große

Das A und O im Umgang mit Konflikten: Aussprechen, was man möchte und was nicht. Wer schmollt und den Rest der Familie im Unklaren darüber lässt, was los ist, verbreitet miese Laune und ein schlechtes Gewissen bei den anderen. Klare Aussagen sind wichtig, damit jeder weiß, woran er ist. Vorwürfe wie: „Musst du immer so unordentlich sein!", vergiften das Klima. Besser ist ein konkreter Hinweis: „Die Legosteine, die im Flur herumliegen, stören mich. Räum sie bitte fort!"
Gerade beim Streiten gilt es, eine gewisse Gesprächskultur aufrechtzuerhalten. Das heißt: Jeder darf seinen Standpunkt darstellen und wird dabei nicht unterbrochen.
Konflikte werden nicht in zwei Minuten ausgetragen. Lassen Sie sich und den anderen genügend Zeit, Kompromisse zu finden.

Was Kinder und Eltern versöhnt

„Blödhammel!" – „Dumme Gans!" Nach lautstarken Beschimpfungen rauscht jeder wütend in sein Zimmer. Tür zu! Wut mitgenommen! Versöhnung vorerst nicht drin. Zum Glück beruhigen sich die erhitzten Gemüter in der Regel bald wieder. Es ist ausgesprochen langweilig, allein zu spielen. Doch wer macht den ersten Schritt? Kindern fällt es oft noch schwer, die richtigen Worte zu finden. Da sind Versöhnungsrituale gut. Sie bewirken oft mehr als große Worte und zeigen: Alles ist wieder gut. Sieben Rituale, die Eltern und Kinder friedlich stimmen:
- Einer schiebt dem anderen einen Zettel unter die Zimmertür. Vorher hat er darauf zwei lachende Gesichter gemalt.
- Bei der nächsten Mahlzeit legt der eine auf den Teller des anderen ein rotes Papierherz oder ein Gummibärchen.
- Mutter oder Vater bereiten für ihre Streithammel einen Versöhnungstrunk. Im Winter tut heiße Schokolade mit einem Klecks Schlagsahne den verletzten Kinderseelen gut, im Sommer eine Fruchtsaftschorle mit aufgespießten Fruchtstückchen.
- Geduldig sein, nicht überreagieren, auch mal den Kürzeren ziehen: Das lernen Kinder sehr gut bei Spielen und Wettkämpfen, etwa beim „Mensch ärgere dich nicht". Hier laufen Auseinandersetzungen in geregelten Bahnen ab.
- Einen „Alles-ist-wieder-gut-Hut" basteln – aus Geschenkpapier mit Herzchen darauf. Den Hut aufsetzen, beim anderen anklopfen und ihn lieb anschauen.
- Jeder malt ein wütendes Gesicht auf einen Stein. Eltern und Kinder gehen dann zusammen in den Garten und vergraben die Wutsteine und damit den Ärger.
- Eine bei allen beliebte Melodie wird zum Friedenslied umfunktioniert. Wer zur Versöhnung bereit ist, singt es oder spielt die Melodie auf einem Instrument.

17

Wenn Katzenkinder schlafen gehen
Ein Gute-Nacht-Märchen

In einem Haus mitten im Wald lebt eine Katzenmutter mit ihren fünf Kindern. Das erste Kätzchen ist schwarz, das zweite weiß, das dritte grau, das vierte grau-weiß gestreift und das fünfte schwarz-weiß gefleckt.
Abends, bevor die Katzenmama ihre Kinder zu Bett bringt, geht es im Haus lustig zu. Denn dann spielen alle Verstecken. Die Mutter ruft: „Ziegenbart und Mäusespeck – alle Kätzchen ins Versteck!" Sie hält sich die Augen zu und zählt: „Eins, zwei drei, vier, fünf, sechs, sieben. Wo sind die Kätzchen nur geblieben?" Und dann saust sie los, um ihre Kinder zu suchen.
Nach dem Versteckspiel zählt die Katzenmama ihre Kinder. Alle sind da: das schwarze, das weiße, das graue, das grau-weiß gestreifte und das schwarz-weiß gefleckte Kätzchen. Nun ziehen die Kätzchen ihre Schlafanzüge an. Doch sie möchten noch nicht schlafen. Sie toben im Zimmer herum, springen über Tisch und Stuhl und machen eine Kissenschlacht, bis die Katzenmutter ruft: „Nun ist aber Schluss! Ich bin so müde! Und wenn ich eingeschlafen bin, kann ich euch keine Geschichte mehr erzählen."
Da geben die Katzenkinder endlich Ruhe. Schnell huschen sie unter die Bettdecke. Denn ohne Geschichte können sie nicht einschlafen. Die Katzenmama setzt sich auf die Bettkante und beginnt zu erzählen:
„Eines Abends stieg das Sandmännchen mit seinem Sandsäckchen die große Himmelsleiter hinab. Es kam an einem Haus vorbei, in dem eine Katzenmama mit ihren fünf Kindern wohnte. Es waren ein schwarzes, ein weißes, ein graues, ein grau-weiß gestreiftes und ein schwarz-weiß geflecktes Kätzchen. Sie tobten über Tische und Stühle. Und die arme Katzenmama fand keine Ruhe. Sie wollte so gern schlafen. Da streute das Sandmännchen den Katzenkindern Sand in die Augen. Sie wurden plötzlich so müde, dass sie schnell ins Bett huschten. Die Katzenmutter deckte ihre Kinder zu. Sie gab jedem einen Gutenachtkuss und flüsterte ihm ins Ohr: ‚Schlaf gut, mein Katzenkind, und träum was Schönes!' Die Katzenmutter knipste das Licht aus und schlich auf Samtpfoten aus dem Zimmer. Im Flur wartete das Sandmännchen. Es flüsterte: ‚Ich schenke dir ein Zaubermittel. Es hilft deinen Katzenkindern beim Einschlafen und schenkt ihnen schöne Träume.' Das Sandmännchen nahm eine kleine Dose und einen Pinsel aus seinem Sandsäckchen und sagte: ‚In der Dose ist feinster Sternenstaub. Wenn du den Pinsel in die Dose eintauchst und den Sternenstaub über jedes Katzenköpfchen streichst, werden deine Kinder ruhig einschlafen.' Die Katzenmutter bedankte sich beim Sandmännchen und winkte ihm noch lange nach, als es Stufe um Stufe die Himmelsleiter emporstieg."
Die Kätzchen rufen begeistert: „Das war eine wunderschöne Geschichte. Die musst du uns morgen unbedingt noch mal erzählen!" Die Katzenmutter lächelt. Sie deckt ihre Kinder zu und gibt jedem einen Gutenachtkuss.

Auch am nächsten Abend spielen die Katzenmama und ihre Kinder Versteck. Die Katzenmutter ruft: „Ziegenbock und Mäusespeck – alle Kätzchen ins Versteck!" Sie hält sich die Augen zu und zählt: „Eins, zwei, drei, vier, fünf, sechs, sieben – wo sind die Kätzchen nur geblieben?" Natürlich findet die Katzenmama ihre Kinder: das schwarze, das weiße, das graue, das grau-weiß gestreifte und das schwarz-weiß gefleckte. Und wieder toben die Kätzchen über Tisch und Stuhl und machen eine Kissenschlacht. Die Katzenmutter wird bald müde. Da huschen ihre Kinder schnell ins Bett. Denn sie möchten noch einmal die Geschichte vom Sandmännchen und den Katzenkindern hören. Nach dem Erzählen deckt die Katzenmama ihre fünf Kinder zu und gibt jedem einen Gutenachtkuss. Da rufen die Kätzchen: „Du hast etwas vergessen!" Die Katzenmutter wundert sich und zählt auf: „Wir haben Versteck gespielt und eine Kissenschlacht gemacht. Ich habe die Geschichte erzählt und jedem einen Gutenachtkuss gegeben. Es fehlt also nichts." „Doch! Der Sternenstaub fehlt. Du musst ihn über unsere Köpfchen streichen, damit wir ruhig einschlafen", verlangen die Kätzchen. Da lächelt die Katzenmama. Sie holt Katzenbabypuder und aus dem Malkasten einen Pinsel. Dann geht sie zu ihren Kindern zurück und streicht jedem Kätzchen etwas „Sternenstaub" übers Köpfchen: dem schwarzen, dem weißen, dem grauen, dem grau-weiß gestreiften und dem schwarz-weiß gefleckten.

2. Wir tun einander gut

Vom Abschied und vom Wiedersehen

Kinder erleben jeden Tag schmerzhafte Abschiede. Sie müssen erst die Erfahrung machen: Wenn Mama mich im Kindergarten abliefert, holt sie mich zuverlässig und pünktlich wieder ab. Liebevolle Rituale können Kindern über den Trennungsschmerz hinweghelfen. Uns Erwachsenen ist oft nicht bewusst, wie viele Abschiedsrituale wir schon verinnerlicht haben. Das Hinterherwinken, wenn Kinder morgens zur Schule gehen; die Kusshand, die dem Partner zugehaucht wird. Vergessen? Unmöglich. Denn dann kommt prompt der Anruf aus dem Büro: „War irgendetwas nicht in Ordnung heute Morgen? Du warst so anders als sonst." Ohne ein liebes Wort und einen guten Wunsch sollten Eltern sich morgens also nicht von ihren Kindern verabschieden.

Trennungen einüben

Vor allem kleine Kinder haben manchmal Probleme, sich morgens von der Mama zu trennen. Sie klammern sich fest, möchten nicht im Kindergarten bleiben. Gut ist es, wenn Sie mit Ihren Kindern schon vor dem Kindergartenalter kleine Abschiede einüben. Pflegen Sie Kontakte zu anderen Eltern mit kleinen Kindern. Da können gegenseitige Spielnachmittage verabredet werden. Bleiben Sie die ersten Male dabei. Dann gehen Sie zwischendurch immer mal wieder für eine Viertelstunde fort: „Nur schnell zum Bäcker und Brötchen fürs Abendessen holen!" Klappt das gut, können Sie das Fortbleiben allmählich ausdehnen. Irgendwann ist es dann so weit: Sie bringen Ihr Kind nur hin und holen es ab. Es hat gelernt: Auf Mama ist Verlass. Sie hat mich noch nie vergessen.

Laden Sie häufiger Großeltern, Verwandte und Freunde ein. Enge Familienbande lassen ein Kind spüren, dass es dazu gehört und geliebt wird und dass auf Oma, Opa, Tanten und Onkel Verlass ist. Kinder, die zwischendurch auch mal bei Kusinen und Vettern oder bei den Großeltern übernachten, verkraften den Kindergartenstart besser.

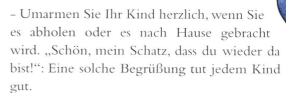

Den Abschied erleichtern

- Planen Sie bereits morgens den Tag. Wenn Ihr Kind weiß, was es mittags zum Essen gibt und was Sie mit ihm nachmittags unternehmen, fällt ihm der Abschied am Morgen auch nicht so schwer.
- Bespritzen Sie ein Taschentuch mit Ihrem Duftwasser. Wenn Ihr Kind Sie vermisst, kann es das Mama-Tuch aus der Hosentasche ziehen und daran schnuppern.
- Ihr Kind weiß genau: „Wenn ich meine Brotdose öffne, finde ich darin ein kleines Bild, das Mama für mich gemalt hat." Das hilft, die Wartezeit leichter zu ertragen.
- Zu zweit lässt sich der Trennungsschmerz besser ertragen. Ein guter Begleiter sind der Teddybär oder ein anderes Kuscheltier.
- Sprechen Sie für Ihr Kind einen Wunsch aus: „Ich wünsche dir, dass ihr heute wieder einen Spaziergang zum Ententeich macht. – Und nun bist du an der Reihe: Was wünschst du mir?"

Endlich bist du wieder da!

Wie das Abschiednehmen kann auch das Wiedersehen ritualisiert werden. Der Kuchen, den wir für jemanden backen, der von einer Reise heimkehrt; die Blumen auf dem Tisch; die liebevoll zubereitete warme Mahlzeit und hinterher das Lieblings-Dessert. Mit solchen Dingen signalisieren wir dem anderen: „Du liegst mir am Herzen. Du bist die Mühe wert." Jeden Tag Blumen und Kuchen sind freilich übertrieben. Aber kleine Gesten zeigen Ihrem Kind, dass es einen wichtigen Platz in Ihrem Alltagsleben hat.

- Umarmen Sie Ihr Kind herzlich, wenn Sie es abholen oder es nach Hause gebracht wird. „Schön, mein Schatz, dass du wieder da bist!": Eine solche Begrüßung tut jedem Kind gut.
- Bestimmt hat Ihr Kind, wenn es vom Kindergarten, vom Turnverein oder von der Freundin heim kommt, viel zu erzählen. Setzen Sie sich einige Minuten mit ihm an den Küchentisch und trinken Sie beim Plaudern zusammen eine Himbeerbrause.
- Überraschen Sie Ihr Kind hin und wieder mit einer kleinen Aufmerksamkeit: ein paar Gänseblümchen, die Sie unterwegs gepflückt haben zum Beispiel oder das Stückchen Schokolade, das die Kantinenfrau ihnen zum Capuccino gelegt hat: „Das habe ich für dich aufbewahrt!" Oder ein bunter Luftballon, den Sie am Stuhl des Kindes befestigen. Solche kleinen Liebesbeweise verschönern das Wiedersehen, sie erleichtern aber auch das Abschiednehmen.

Alles zu seiner Zeit

Bitte nicht wundern, wenn der Älteste sich eines Tages wegdreht, um Mamas Küsschen auszuweichen. Wenn Kinder älter werden, brauchen sie andere Rituale. Es ist also gut, sie von Zeit zu Zeit auf den Prüfstand zu stellen und sich zu fragen: Sind sie für unsere Kinder, für ihr Alter und ihre Lebenssituation eigentlich noch sinnvoll? Manchmal können Rituale nämlich zwanghaft werden. Das gilt auch für Ermahnungen, die Eltern ihren Kindern morgens mit auf den Weg geben: Sätze wie: „Pass gut auf!", oder: „Fang in der Schule nicht schon wieder Streit an!" sollten Sie aus der Liste der Abschiedsrituale streichen.

Nick und der Zauberstein
Eine Mut-Mach-Geschichte

Nick geht heute zum ersten Mal in den Kindergarten. Eigentlich war er schon öfter dort, als er mit Mama seine Schwester Anja abgeholt hat. Doch Anja ist nun ein Schulkind. „Und du bist ein Kindergartenkind", hat Mama gesagt. Doch Nick will kein Kindergartenkind sein. Er möchte ein Schulkind sein wie Anja. „Das geht nicht, du bist erst vier Jahre. Ein Schulkind muss sechs Jahre alt sein", hat ihm die große Schwester erklärt. „Dann will ich bei Mama bleiben und nicht in den Kindergarten gehen", hat Nick geantwortet. „Das geht auch nicht. Große Jungen wie du gehen in den Kindergarten", hat Anja ihm zur Antwort gegeben. Dabei müsste Nick sich eigentlich auf den Kindergarten freuen. Er kennt Kathrin, die Erzieherin. Die ist supernett. Auch das tolle Klettergerüst, den Sandkasten, die Bauecke, die Piratenhöhle und den Maltisch findet Nick klasse. Und mit Flori, einem Jungen aus der Nachbarschaft, trifft er sich nachmittags öfter auf der Spielstraße. Flori ist auch supernett. Alles schön und gut. Aber Nick möchte, dass Mama bei ihm im Kindergarten bleibt. Als sie sich verabschiedet, klammert er sich an ihrem Hosenbein fest. „Bitte, bleib hier!", jammert Nick. Da kommt Kathrin. Sie zeigt Nick den tollen Flughafen, den Flori und Nina gestern gebaut haben. „Komm auf den Bauteppich! Du darfst der Fluglotse sein!", ruft Flori. Doch Nick möchte nur Fluglotse sein, wenn die Mama mitspielt. Mama kann nicht bleiben. Sie drückt Nick einen Stein in die Hand und flüstert ihm ins Ohr: „Steck ihn in die Hosentasche. Wenn du traurig bist, nimmst du ihn in die Hand. Denn er ist ein Zauberstein. Er macht, dass du wieder lachen kannst." Dann steckt Mama den Stein in Nicks Hosentasche und geht fort. Nick schaut ihr traurig nach. Plötzlich zupft ihn Nina am Pulloverärmel und fragt: „Möchtest du mit an unserer Wiese malen?" Nick schüttelt den Kopf. Er möchte keine Wiese malen, und er möchte auch kein Fluglotse sein. Traurig steht er am Fenster und wartet auf seine Mama. „Wann kommt sie endlich?", seufzt er. Da stellt sich ein anderer Junge neben Nick. Er heißt Hanno und sagt: „Komm, ich zeige dir unsere Piratenhöhle!" Aber Nick schüttelt wieder den Kopf. Er möchte keine Piratenhöhle sehen, keine Wiese malen und kein Fluglotse sein. Er sucht in seiner Hosentasche nach einem Taschentuch. Da fühlt er Mamas Zauberstein. Plötzlich ist Nick wie ausgewechselt. Er läuft zu Hanno und fragt: „Zeigst du mir die Piratenhöhle?" Hanno freut sich. Denn Nick findet die Piratenhöhle super. Dann geht er zu Nina. „Darf ich an eurer Wiese mitmalen?", fragt er. Klar darf er! Nick malt zwei rote und drei blaue Blumen. Dann läuft er zu Flori. „Darf ich jetzt der Fluglotse sein?", fragt Nick. Und ob er darf! Als Mama mittags kommt, läuft Nick ihr entgegen. Er nimmt sie an die Hand und zieht sie zur Piratenhöhle. Denn die muss sie unbedingt sehen. Dann geht Nick mit Mama zum großen Bild mit der Wiese. „Schau mal, die roten und blauen Blumen habe ich gemalt!", meint er stolz. Die Mama findet die Blumen wunderschön. „Dann kannst du mir ja heute Nachmittag eine schöne Blumenwiese malen." – „Geht nicht, ich mal sie heute Abend. Am Nachmittag geh ich wieder zum Kindergarten. Denn es landen viele Flugzeuge, hat Flori gesagt. Und ich bin der Fluglotse", erzählt Nick aufgeregt. Mama lacht und sagt: „Du hast Recht. Die Arbeit geht vor. Und die Wiese kannst du mir immer noch am Abend malen."

Mäuseschnupfen
Eine Geschichte für kranke Kinder

Die kleine Maus hat Schnupfen. Ihr Näschen läuft und läuft. „Hatschi! Hatschi!", niest das Mäuschen. Und gleich noch einmal: „Hatschi!" Die Mäusemutter kocht Tee mit Honig. Mmmh, der schmeckt gut!

„Ich kann nicht einschlafen, weil meine Nase läuft", jammert die kleine Maus. Es ist mitten in der Nacht. Die Mäusemama steht auf, nimmt das dicke Märchenbuch und liest ihrem Kind eine Geschichte vor.

Am nächsten Morgen ist der Schnupfen fort. „Wo ist mein Schnupfen?", ruft die kleine Maus. „Er ist fort. Sei doch froh! Denn dann läuft dein Näschen nicht mehr", meint die Mäusemama.

Doch das Mäusekind möchte seinen Schnupfen wiederhaben. „Wenn ich keinen Schnupfen mehr habe, kriege ich bestimmt keinen leckeren Tee mit Honig und auch kein Märchen. Deshalb muss ich meinen Schnupfen finden", überlegt die kleine Maus.

Sie geht hinaus. Es ist bitterkalt. „Zieh deinen Schal an! Sonst bekommst du wieder Schnupfen!", warnt die Mäusemutter. Der Schnupfen mag Schals nicht. Er mag auch keine Mützen und Pullover. Die kleine Maus weiß das. Deshalb hört sie nicht auf ihre Mama und ist – husch – im Feld verschwunden.

Als die Maus eine Weile gelaufen ist, ruft sie: „Hallo, Schnupfen, wo bist du?" Doch der Schnupfen gibt keine Antwort. „Bestimmt hat er sich im Wald versteckt", denkt die kleine Maus. Sie läuft weiter, bis sie den Wald erreicht hat. Brr, ist das kalt hier! „Hallo, Schnupfen, wo bist du?", ruft die kleine Maus. Doch der Schnupfen hüllt sich weiter in Schweigen.

„Hatschi! Hatschi!", niest die kleine Maus plötzlich. Endlich hat sie den Schnupfen wieder gefunden. Sie läuft zur Mäusehöhle zurück. Ihre Mama steht am Eingang. „Ich habe mir solche Sorgen gemacht. Wo warst du?", fragt sie. „Ich habe meinen Schnupfen gesucht. Zuerst konnte ich ihn nirgends finden. Doch dann habe ich ihn im Wald entdeckt und gleich wieder mitgebracht", sagt die kleine Maus.

Die Mäusemutter fühlt ihrem Kind die Stirn. „Du hast ja Fieber", sagt sie. Die kleine Maus ist ganz schlapp. Ihr Hals tut weh und ihr Kopf auch. „Warum wolltest du denn den Schnupfen wieder haben?", fragt die Mäusemutter. „Weil du dann Tee mit Honig kochst und mir Märchen vorliest", sagt das Mäusekind. Da sagt die Mäusemutter: „Den Tee koche ich dir auch, wenn du keinen Schnupfen hast. Und Märchen lese ich dir auch immer vor, wenn du gesund bist." Da jammert die kleine Maus: „Du hast Recht. Wäre ich nur nicht fortgelaufen. Da hätte der Schnupfen im Wald bleiben können. Und das Fieber, das Halsweh und das Kopfweh auch!" Und dann verspricht das Mäusekind seiner Mama, nie wieder den Schnupfen zu suchen.

Mit viel Liebe gesund werden

Wenn ein Kind krank ist, kann nichts so gut trösten wie liebevolle Zuwendung. Verwöhnen Sie Ihre Kinder also ruhig etwas mehr als sonst, wenn sie mit Fieber im Bett liegen. Diese Extraportion Liebe und Nestwärme tut Körper und Seele gut. Kinder werden mit dem guten Gefühl gesund, dass die Fiebertage eigentlich gar nicht so schlimm waren. Sie werden sich auch bei weiteren Krankheiten daran erinnern und wissen: Ich fühle mich zwar schlapp und elend, aber mit Mamas und Papas Hilfe bin ich bald wieder topfit.

Was kleinen Patienten hilft

- Schlagen Sie das Krankenlager in Ihrer Nähe auf. Tagsüber kann das Kind im Wohnzimmer auf dem Sofa liegen, nachts im großen Elternbett. Das ist für Kinder etwas ganz Besonderes und setzt ein kleines Glanzlicht – auch wenn die Nase läuft und der Hals weh tut.
- Erfinden Sie eine Fantasiefigur, etwa die Fieberfee. Ihr Kind bekommt jeden Tag Post von ihr. Sie schreibt einen lustigen Vers, eine Mini-Geschichte, hat ein Bild gemalt oder eine kleine Überraschung in den Briefumschlag gesteckt. Wenn Sie Oma und Opa oder die Patentante in das Geheimnis einweihen, übernehmen die bestimmt auch gern mal die Rolle der Fieberfee.
- Mit einem großen Brett oder Tablett können Sie ihm eine Unterlage zum Spielen schaffen.
- Besprechen Sie eine Kassette mit selbst erfundenen Geschichten. Die ist aber nur für Tage gedacht, an denen Ihr Kind das Bett hüten muss. Stellen Sie den Kassettenrecorder ans Bett des Kindes, damit es ihn selber ein- und ausschalten kann.
- Vertrauen Sie nicht zuletzt auf die „Heilkraft" Ihrer Hände. Wenn ein Kind Schmerzen hat, wirken Handauflegen oder Wegpusten oft Wunder.

Ein besonderer Koffer

Führen Sie die Tradition des Krankenkoffers ein. Wenn ein Kind schon wieder auf dem Weg der Besserung ist, stellt die Fieberfee ihm über Nacht den Koffer vors Bett. Kaufen Sie dafür einen Puppenkoffer, der nur für die Krankheitstage gedacht ist. Er enthält Dinge, mit denen sich ein Kind gut im Bett beschäftigen kann, zum Beispiel: Malstifte, einen Mandalablock, Perlen zum Auffädeln, ein Kaleidoskop, eine selbst gefüllte Wundertüte mit kleinen Überraschungen, Mini-Bilderbücher.

Mahlzeiten mit Pepp

Kranke Kinder haben wenig Appetit. Deshalb gilt doppelt: Essen muss Spaß machen! Richten Sie alles mit viel Fantasie an, zum Beispiel: aus Erbsen und Karotten ein Gesicht aufs Kartoffelpüree legen oder aus gebutterten Toastscheiben Herzen, Sterne und andere Figuren ausstechen. Servieren Sie Hühnersuppe mit Buchstabennudeln oder Sternchen. Backen Sie aus Plätzchenteig Buchstaben, mit denen Ihr Kind seinen Namen legen kann. Benutzen Sie Servietten mit lustigen Motiven und servieren Sie das Lieblings-Getränk mit einem tollen Strohhalm.

Was verletzte Kinderseelen heilt

Kinder bleiben von Kummer nicht verschont. Auch wenn er uns Erwachsenen oft belanglos erscheint: Für ein Kind bricht die Welt zusammen, wenn der beste Freund ihm im Kindergarten die kalte Schulter zeigt, wenn der geplante Schwimmbadbesuch ausfallen muss, weil das Kind Ohrenschmerzen hat, oder wenn ein Spielzeug entzweigegangen ist.

Kinder müssen lernen, dass sie vor solchen Situationen nicht gefeit sind und dass Dinge eben manchmal passieren. Sie sollen aber auch durch Erfahrung zu der Erkenntnis gelangen: Es gibt Wege, wirksam mit dem Kummer umzugehen. Wirklicher Trost besteht darin, das Kind ernst zu nehmen. Gut tun Kindergartenkindern Rituale, mit denen Eltern sie schon als Babys trösten konnten.

Die besten Tröster

- Nehmen Sie Ihr Kind auf den Schoß, wiegen Sie es sanft hin und her und streicheln Sie seinen Kopf oder seinen Rücken.
- Auch für altvertraute Wiegenlieder oder das bekannte „Heile Segen" fühlt sich kein vier- oder fünfjähriges Kind zu alt.
- Wichtig ist es, einem Kind den Kummer nicht auszureden, sondern ihn einfach zuzulassen. Umso schneller wird wieder die Sonne scheinen und die trüben Wolken sich in nichts auflösen.
- Kleine und Große haben das Recht, ihren Tränen freien Lauf zu lassen. Weinen ist Balsam für die verletzte Seele. Denn Tränen waschen den Kummer weg wie Wasser den Schmutz von der Haut.
- Manchmal möchten Kinder auch allein sein. Sie ziehen sich mit ihrem zotteligen Stofftier an einen Ort zurück, an dem sie mit sich und der Welt ins Reine kommen. Das kann ein besonderer Platz im Garten sein, die Kuschelecke auf dem Sofa oder eine Höhle unter dem Tisch. Respektieren Sie den Wunsch Ihres Kindes nach Rückzug. Bleiben Sie aber in der Nähe, damit es nicht das Gefühl hat, allein gelassen zu werden.

Kummerzwerg und Glücksfee

Geschichten helfen bei Kummer. Legen Sie sich mit Ihrem Kind auf eine Decke. Schließen Sie die Augen und beginnen Sie leise zu erzählen: „Ganz tief im Wald, wo kein Kind, keine Mama, kein Papa und keine Großeltern hinkommen, lebt der Kummerzwerg. Er hat schwer zu schleppen. Denn in dem großen Sack, den er auf dem Rücken trägt, steckt kiloweise Kinderkummer – ein Kilo ‚Niemand will mit mir spielen!', ein Kilo ‚Mein Spielzeug ist kaputt!', ein Kilo ‚Ich bin gefallen, und nun tut es ganz doll weh!' – und noch viel mehr. Doch zum Glück kommt hin und wieder eine Glücksfee beim Kummerzwerg vorbei. Sie holt Kilo für Kilo Kinderkummer aus dem Sack, bis er ganz leer ist. Dann wirft sie jedes Kilo hoch in die Luft und berührt es mit ihrem Zauberstab. Und hast-du-nicht-gesehen verwandelt sich der Kummer in tausend schillernde Seifenblasen. Eine nach der anderen zerplatzt. Der Kummer wird immer kleiner, bis schließlich nichts mehr von ihm übrig geblieben ist. Ich glaube, dass die Glücksfee gerade wieder beim Kummerzwerg ist. Was meinst du – ob Sie schon dein Kilo Kummer aus dem Sack des Kummerzwergs geholt hat?"

3. Rituale für besondere Zeiten

Wochenende: Endlich alle zusammen!
Endlich Zeit für die Familie, für den Zoobesuch, fürs Kino und das Treffen mit Freunden. Aber Vorsicht: Die Erwartungen an ein schönes Familienwochenende sind oft groß. Doch die Bedürfnisse von Eltern und Kindern unter einen Hut zu bekommen, ist nicht immer leicht. Auch hier können Rituale helfen und Ordnung ins Zeitgefüge bringen.

Start ins Wochenende
Gut ist ein Übergangsritual, mit dem das Wochenende eingeläutet wird. Hier einige Ideen:
- Alle nehmen ein entspannendes Bad – jeder mit seinem Lieblings-Duft – und ziehen anschießend etwas Bequemes an.
- Zum Abendessen gibt es am Freitag immer etwas, das alle mögen und was sich vom üblichen Abendbrot abhebt, etwa Pizza oder Spaghetti.
- Schmieden Sie beim Essen Pläne für die kommenden zwei Tage. Jeder sollte dabei zu Wort kommen und Wünsche äußern dürfen.
- Eltern sind nicht nur Mütter und Väter, sondern auch Paare. Unternehmen Sie also möglichst auch mal etwas zu zweit, etwa mit Freunden zum Essen gehen oder den lang aufgeschobenen Kinogutschein endlich einlösen.
- Sie können sich umso entspannter einen Abend als Paar gönnen, wenn die Kinder in der Zwischenzeit gut aufgehoben sind: beim Babysitter, bei Freunden oder bei den Großeltern. Für die meisten Mädchen und Jungen ist es ein ganz besonderes Vergnügen, bei Oma und Opa zu übernachten.

So lieben Kinder den Sonntag
- Das klassische Sonntagmorgen-Ritual: die zünftige Kissenschlacht im Elternbett. Sie ist ganz nach dem Geschmack von Kindern.
- Wenn die Kinder morgens wach werden, steht an ihrem Bett eine kleine Schale mit gesunden Knabbereien. Das vertreibt den ärgsten Hunger und lädt zu einer Zusatzrunde Schmökern oder Puzzeln im Bett ein.
- Am Sonntagmorgen gibt's ein ausgiebiges Frühstück – vielleicht als Büffet – mit Früchten, Säften, Müsli, selbst gebackenen Brötchen, Käse, Wurst und verschiedenen süßen Aufstrichen.
- Bei Regenwetter auf den Dachboden steigen, Mamas und Papas alte Spielsachen herauskramen und gemeinsam mit den Eltern spielen: Das lässt nicht nur Kinderaugen leuchten.

Wochenend-Highlights
- Zusammen ins Kino gehen und dabei eine große Tüte Popcorn verputzen.
- Bis mittags im Schlafanzug am Frühstückstisch sitzen, schmökern und geduldig neugierige Kinderfragen beantworten.
- Eine Gesellschaftsspiel-Olympiade mit anschließender Medaillenverleihung veranstalten.
- Ein Überraschungspäckchen für die Großeltern packen: mit selbst gebackenen Plätzchen, gemalten Bildern, Gedichten, kleinen Geschichten, Erinnerungsstücken.

Warum Verwandte für Kinder so wichtig sind

Großeltern sind einmalig. Sie haben in der Regel mehr Zeit und Geduld als die Eltern und können sich ganz entspannt den Enkeln widmen. Dabei geben Oma und Opa Kindern etwas Unersetzliches mit auf den Weg, nämlich die Erhaltung und Fortführung alter Traditionen. Für Kinder ist es aber auch spannend, sich näher mit Mamas und Papas Geschwistern zu beschäftigen. Und in Cousins und Cousinen finden sie oft die besten Spielkameraden.

Kindern Brücken bauen

Treffen mit Verwandten gehören oft zu den schönsten Kindheitserinnerungen. Der Onkel, der immer zu lustigen Späßen aufgelegt war. Die Tante, bei der man sich Kummer von der Seele reden konnte und die bei Problemen mit den Eltern wunderbar vermittelte. Die Cousine, mit der man immer noch mehrtägige Bergtouren unternimmt. Der Cousin, der auch jenseits der Kindertage ein guter Ratgeber in allen Lebenslagen ist. Eltern sollten Kindern solche schönen Erfahrungen nicht vorenthalten und den Kontakt zu Verwandten nicht auf Pflichtbesuche beschränken. Bauen Sie Ihren Kindern Brücken zur Verwandtschaft, indem Sie ...

- regelmäßig mit Tanten, Onkel, Cousins und Cousinen telefonieren, etwa am Sonntag;
- Briefe schreiben und Fotos austauschen;
- sich gegenseitig an festen Terminen besuchen, etwa Ostern, Pfingsten, am ersten Advent oder über den Jahreswechsel;
- gemeinsame Aktivitäten planen, zum Beispiel Picknick, Ausflüge, Wanderungen;
- Ihren Kindern ermöglichen, in den Ferien Urlaub bei Tante und Onkel, Cousins und Cousinen zu machen;
- Ihrerseits Nichten und Neffen in den Ferien einladen.

Stolz auf die eigene „Sippe"

Die Pflege guter verwandtschaftlicher Beziehungen gehört zu den Kostbarkeiten, die sich Familien bewahren sollten. Wenn Sie Ihre Verwandten respektieren und akzeptieren, können Ihre Kinder Toleranz einüben. Sie lernen früh, dass es Menschen mit unterschiedlichen Eigenschaften – liebenswürdigen und weniger charmanten – gibt. Sie lernen auch, dass man nur miteinander umgehen und feiern kann, wenn man jeden so lässt, wie er ist.

- Planen Sie mit den Kindern hin und wieder Stammbaum-Wochenenden ein – vielleicht gemeinsam mit den Großeltern. Für Kinder ist es interessant zu erfahren, wer ihre Vorfahren waren. Der Stammbaum ist ein schönes Symbol. Er zeigt Kindern, dass jeder Mensch Wurzeln hat und dass es schön ist, zu einer großen „Sippe" zu gehören.
- Von Großeltern, Onkeln und Tanten lernen Kinder gemeinsam mit ihren Cousins und Cousinen noch etwas ganz anderes: Wenn Opa ein Meister im Schnitzen von Krippenfiguren ist, gibt er das Know-how an seine Enkelinnen und Enkel weiter. Die Oma hat schon für ihre Kinder Schals gestrickt. Dass auch ihre kleinen Enkelsöhne und -töchter geschickt mit den Stricknadeln hantieren können, ist Omas Verdienst.

Die Befreiung des Indianerhäuptlings
Eine Geschichte für Cousins und Cousinen

Max und Anna freuen sich. Kai und Lina, die Kinder von Tante Olga und Onkel Heiner, sind nämlich mit ihren Eltern übers Wochenende zu Besuch gekommen. Auch Mama und Papa sind froh. Denn Onkel Heiner ist Mamas Bruder. Wenn die beiden sich treffen, erzählen sie immer viel von früher. Zum Beispiel, dass sie immer Cowboy und Indianer gespielt haben. Max, Anna, Kai und Lina möchten auch Indianer spielen. Max wühlt in der großen Spielzeugtruhe. Er sucht den Indianerhäuptling. Aber er kann ihn nicht finden. „Wir müssen die ganze Kiste ausräumen", schlägt Anna vor. Die beiden Cousinen und Cousins machen sich an die Arbeit. Sie werfen alles aus der Kiste heraus: Bilderbücher, Kuscheltiere, Autos, einen Ball und viele Spielfiguren. Aber der Indianerhäuptling bleibt verschwunden. Ob er vielleicht in der Kiste auf dem Dachboden steckt?

Die vier Kinder stürmen ins Wohnzimmer. „Bitte, Mama, hol die Kiste vom Dachboden. Wir brauchen unbedingt den Indianerhäuptling!" Die Mama öffnet die Luke zum Dachboden und schlägt vor: „Am besten schaut ihr oben nach. Dann kann die Kiste dort bleiben." Die Treppe knarrt geheimnisvoll bei jedem Schritt. Zum Glück hat Lina ihren Kuschelhasen dabei. Staunend bleiben die Kinder an der Tür stehen. „So einen tollen Dachboden haben wir nicht!", ruft Kai begeistert. „Was ist denn in dem großen Schrank?", fragt Lina. Die Kinder schauen nach. „Super!", ruft Anna begeistert. „Unsere Faschingskostüme!" Auch ein paar alte Koffer finden die Kinder und die gesuchte Kiste. Max hat eine Idee: „Wir wären Piraten und müssten den Indianerhäuptling finden und befreien. Denn unser Feind, der gefährliche Seeräuber Säbelzahn, hätte ihn auf eine einsame Insel verschleppt." „Super Idee!", jubeln Anna, Lina und Kai. Die Kinder suchen im alten Schrank nach Piratensachen. „In der Kiste müsste auch noch was sein", sagt Anna. Sie kippt sie aus und wühlt darin herum. Anna findet Säbel, Augenklappen, zwei Piratenhüte, ein Fernrohr und eine Piratenflagge.

„Der große Koffer wäre unser Boot", sagt Kai und schwenkt die Piratenflagge. Max schaut durchs Fernrohr. Plötzlich ruft er: „Land in Sicht! Ich habe die einsame Insel mit dem Indianerhäuptling entdeckt!" Auch Anna, Lina und Kai schauen durchs Fernrohr. Tatsächlich! Der Indianerhäuptling liegt auf einem Berg von Faschingssachen und Spielzeugen, die Anna eben ausgekippt hat. Und nun befreien die Piraten den Häuptling schnell, bevor der Seeräuber Säbelzahn sie entdeckt.

„Nun bin ich schon groß!"
Zwei besondere Einschnitte im Leben der Kinder sind der erste Tag im Kindergarten und die Einschulung. Diese beiden Tage sollten Eltern ganz bewusst mit ihren Kindern gestalten, damit sie unvergessen bleiben.

Der erste Tag im Kindergarten

Mit Beginn der Kindergartenzeit macht Ihr Kind den ersten Schritt in eine neue Welt außerhalb des Elternhauses. Kinder stehen dann oft in einem Gefühlskonflikt. Die Trennung von Mama ist ja auch kein Pappenstiel. Wie Sie Ihrem Kind helfen können, den Abschiedsschmerz zu bewältigen, finden Sie im vorangegangenen Kapitel. Aber in den meisten Fällen überwiegt das schöne Gefühl, nun schon zu den Größeren zu gehören und endlich all das Interessante zu erleben, von dem Geschwister oder Nachbarskinder so oft erzählen.

- Schon das Kaufen der Kindergartentasche, der Brotdose und Trinkflasche, der Hausschuhe und Sportsachen ist für Ihr Kind etwas Besonderes. Nehmen Sie sich dafür genügend Zeit.
- Decken Sie den Frühstückstisch besonders hübsch – mit einer Kerze und einem kleinen Blumenstrauß. Umrahmen Sie den Platz Ihres Kindes mit Gänseblümchen.
- Überraschen Sie es mit einer neuen Tasse, aus der nur Kindergartenkinder trinken dürfen.
- Schön ist, wenn am Nachmittag Oma und Opa zu Besuch kommen und für ihr „großes Kindergartenenkelkind" einen bunt verzierten Kuchen mitbringen. Ihr Kind brennt nämlich darauf, die ersten Eindrücke und Erlebnisse loszuwerden.

„Hurra, ich bin ein Schulkind!"

Wenn Ihr Kind bald eingeschult wird, fiebert es dem großen Tag entgegen. Durch Schnupperbesuche hat es die Schule schon etwas kennen gelernt.

- Üben Sie mit Ihrem Kind den Schulweg ein. Das gibt ihm Sicherheit. Die meisten Kinder möchten nicht begleitet werden. Sie brauchen Eltern, die ihnen diesen großen Schritt in Richtung Selbstständigkeit zutrauen und sie nicht ängstlich zurückhalten.
- Ihr Kind wird sich über kleine Mutmacher und Geheimzeichen unterwegs freuen. Malen Sie an verschiedenen Stellen mit bunter Straßenkreide einen kleinen Stern, ein Herz oder ein lachendes Gesicht auf den Gehweg.
- Geben Sie der Wartezeit einen besonderen Pfiff. Verpacken Sie die Utensilien fürs Schreibmäppchen einzeln in Krepppapier und hängen Sie die Päckchen in der Nähe des Frühstückstisches an einer Kordel auf. Jeden Morgen darf Ihr Kind ein Päckchen abschneiden und öffnen.
- Füllen Sie die Schultüte Ihres Kindes nicht nur mit Süßigkeiten, sondern auch mit anderen Dingen, an denen es Freude hat, etwa Stifte, ein Rätselheft, ein Buch für Leseanfänger, ein Kartenspiel usw.
- Wenn Ihr Kind am ersten Schultag heim kommt, findet es auf dem Küchentisch die Buchstaben seines Namens – aus Plätzchenteig gebacken und mit bunten Zuckerstreuseln verziert.

Richtig schön Geburtstag feiern

Der Geburtstag ist für jedes Kind der Höhepunkt im Jahr. Zu diesem Fest gehören feste Rituale – die Geburtstagstorte mit Kerzen, Blumen auf dem Tisch, das Geburtstagsständchen, das Fest mit Freunden, die Geschenke. All das zeigt dem Geburtstagskind: Du bist etwas ganz Besonderes. Wir freuen uns, dass es dich gibt!

Den großen Tag richtig planen

Wichtig ist eine genaue Planung des Kindergeburtstages. Hier einige Tipps:
- Auf der Einladungsliste sollten nur so viele Kinder stehen wie das Geburtstagskind Jahre alt wird.
- Zum Essen eignet sich alles gut, was Kinder sofort in den Mund stecken können: Kekse, Waffeln, Minibrötchen.
- Ideale Durstlöscher sind kalte Früchtetees oder mit Wasser verdünnte Fruchtsäfte.
- Aufwändige Dekorationen müssen nicht sein. Ein paar Luftschlangen, Luftballons und Girlanden reichen völlig aus.
- Wechseln Sie zwischen wilden und ruhigen Spielen ab. Wenn Kinder sich nämlich erst mal in Rage getobt haben, lassen sie sich nur schwer wieder bremsen.
- Ein kleines Geschenk, das jedes Kind nach der Feier mit nach Hause nehmen darf: Reihen Sie Popcorn mit Nadel und Faden zu langen Ketten auf.

Du bist einzigartig!

Geburtstagsfeste gehören zu den schönsten Erinnerungen an unsere Kindheit. Grund genug, ihnen im Jahreskreis einen besonderen Raum zu geben und das Fest so zu gestalten, dass es für Kinder unvergessen bleibt.
- Fotografieren Sie jedes Jahr das Geburtstagskind, seine Gäste, die Geschenke, die Geburtstagstorte. Ein paar Schnappschüsse von der Feier gehören auch dazu. Schreiben Sie auf, was gespielt wurde und was es zu gewinnen gab. Im Lauf der Jahre entsteht so ein wunderschönes Geburtstagsbuch, das für Ihr Kind ein großer Erinnerungsschatz sein wird.

- Heben Sie an jedem Geburtstag die Tageszeitung auf und schneiden Sie die interessantesten Neuigkeiten aus. Diese Ausschnitte kleben Sie in ein Extra-Album. Dieses Zeitungsjournal können Sie Ihrem Kind dann zur Volljährigkeit schenken.
- Kaufen Sie einen weißen Porzellanbecher und Porzellanstifte. Bemalen Sie den Becher mit Motiven, die zum jeweiligen Alter und den Interessen Ihres Kindes passen: Hat Ihr Kind ein Haustier, wird es auf der Tasse verewigt. Spielt es gern mit Autos, düsen auf dem Becher kleine bunte Fahrzeuge herum. Natürlich werden auch Name und Datum aufgemalt. Im Laufe der Zeit entsteht eine tolle Sammlung von Geburtstagstassen. Sie zeigen Ihrem Kind auch nach Jahren noch, wie wichtig es immer für Sie war.

Heute ein König sein

- Basteln Sie für Ihr Geburtstagskind aus Gold- oder Silberkarton eine Krone. Sie wird mit „Edelsteinen" aus zusammengeknülltem glänzendem Bonbonpapier beklebt. Beim Frühstück wird es feierlich zur Königin oder zum König gekrönt und bekommt die Krone aufgesetzt.

- Schicken Sie am Geburtstagsmorgen einen heimlichen Helfer auf dem Weg zum Kindergarten voraus. Er versteckt märchenhafte Gegenstände, zum Beispiel Rotkäppchens Korb, Schneewittchens Apfel, den giftigen Kamm, Aschenputtels Schuh, goldene Sterne. Ob Ihr Geburtstagskind alles findet und einsammelt?
- Decken Sie den Frühstückstisch am Geburtstagsmorgen besonders hübsch. Die Torte mit Kerzen und dem mit Zuckerschrift geschriebenen Namen Ihres Kindes bildet den Mittelpunkt. Dazu gehört ein Blumenstrauß. Umkränzen Sie das Frühstücksgedeck Ihres Kindes mit grünen Blättern und kleinen Blumen oder Herzen aus rotem Tonpapier. Die Geschenke bauen Sie auf einem kleinen Gabentisch auf.
- Wenn das Geburtstagskind ins Zimmer kommt, brennen die Kerzen, und Mama, Papa, Bruder und Schwester schmettern wie immer das Geburtstagslied. Dann gibt's Küsschen, Glückwünsche und Geschenke.
- Man sagt, dass ein geheimer Wunsch in Erfüllung geht, wenn das Geburtstagskind es schafft, alle Kerzen auf seiner Torte auf einmal auszupusten. Ein schönes Ritual ist der immer gleiche Geburtstagskuchen, den es schon auf Mamas oder Papas Kindergeburtstag gab.
- Eine Überraschung für die ganze Familie am Morgen des Kindergeburtstages: Sie bereiten kleine Briefe vor. In jedem wird eine besondere Aktivität angekündigt, die allen Spaß macht. Beispiele: Nächsten Sonntag fahren wir in den Zoo. Oder: Am Samstag abend dürfen alle Kinder so lange aufbleiben wie sie möchten. Verteilen Sie die verschlossenen Briefe auf dem Frühstückstisch. Bruder oder Schwester des Geburtstagskindes dürfen einen Brief öffnen. Da wird der Jubel groß sein.

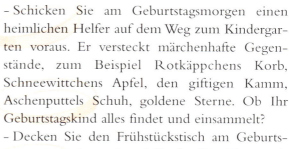

4. Der Frühling zieht ins Land

Die ersten Frühlingsboten
Die ersten warmen Sonnenstrahlen tun Menschen, Tieren und Pflanzen gut. Gehen Sie mit den Kindern hinaus und genießen Sie den jungen Frühling mit allen Sinnen. Viele Zeichen deuten auf neues Wachstum hin. An den Zweigen sprießen erste zarte Blätter und Knospen. Der Waldboden, auf dem noch vor kurzem Reste von Schnee lagen, ist nun mit einem weißen Blütenteppich bedeckt. Am Bach blühen die ersten Schlüsselblumen.

Königlicher Frühlingsgenuss
- Nehmen Sie bei einem Ihrer Streifzüge durch die Natur auf einer Wiese oder auf einem Baumstamm im Wald Platz. Schließen Sie die Augen und lauschen Sie mit den Kindern auf die vielen Geräusche des Frühlings: das Summen der Bienen, das Zwitschern der Vögel, das Klopfen eines Spechts.
- In manchen Gegenden galt früher das Veilchen als Frühlingsbote. Wer im März das erste fand, durfte sich etwas wünschen. Lassen Sie diesen alten Brauch aufleben und gehen Sie mit den Kindern auf die Suche. Veilchen wachsen an Waldrändern und in Gebüschen. Wer das erste entdeckt, wird für einen Tag Frühlingskönig oder -königin. Er darf das Veilchen pflücken und mit nach Hause nehmen. Und jedes Familienmitglied muss ihm an diesem Tag einen Wunsch erfüllen, der nichts kosten darf.

Frühlingsfeier
Im Frühling gibt es nicht nur an Ostern Gelegenheit zum Feiern. Auch der 20. bzw. 21. März, der Tag des Frühlingsanfangs, hat eine Besonderheit. Denn da dauern Tag und Nacht gleich lang, nämlich 12 Stunden. Deshalb heißt er auch Frühjahrs-Tagundnachtgleiche. Ein schönes Ritual zum Frühlingsanfang: Laden Sie Freunde mit Kindern zum Frühlingsabendbrot ein.

Blumenorakel und Blütenschnee
- Der erste warme Frühlingstag lädt ein, Schuhe und Strümpfe auszuziehen und mit nackten Füßen über ein Stück Rasen zu laufen. Suchen Sie dazu ein Stück ohne Klee und Gänseblümchen aus, damit die Füße keine schmerzhafte Bekanntschaft mit Bienenstichen machen. Ein solcher Barfuß-Spaziergang ist eine Wohltat nach der langen Winterstiefelzeit.
- Viele Erwachsene erinnern sich noch an die Wiesen ihrer Kinderzeit, an Gänseblümchenkränzchen und Blumenorakel. Es verriet, ob man das Herz eines stillen Verehrers gewinnen oder, ganz unspektakulär, ob die Mama über das Loch in der Hose schimpfen würde.
- Kinder pflücken für ihr Leben gern Blumen. Bei Gänseblümchen dürfen sie richtig darin schwelgen, denn sie wachsen schnell wieder nach. Achten Sie nur darauf, dass die Kinder die Wurzeln nicht mit herausreißen. Zeigen Sie ihnen, wie Kränzchen gewunden werden, und probieren Sie gleich das Orakel aus: „Gibt es heute Abend das erste Eis des Jahres oder nicht?"

Ein Kind zupft die weißen Blättchen der Blütenkrone der Reihe nach ab und sagt dabei abwechselnd Ja und Nein. Da steigt am Schluss die Spannung. Und wenn es nicht auf Anhieb klappt, stehen noch mehr Orakelblüten zur Verfügung.

Kleiner Kresserasen
Für Kinder ist es spannend, Pflanzen heranwachsen zu sehen. Bei den meisten Arten erfordert das Warten viel Geduld. Kresse aber wächst sehr schnell. Geben Sie Blumenerde in eine Tonschale. Streuen Sie Kressesamen darauf und bedecken Sie ihn mit einer dünnen Schicht Erde. Die Schale braucht ein sonniges Plätzchen und die Erde Feuchtigkeit. Es dauert nicht lange, und das erste Grün sprießt aus der Erde hervor. Bald ist die Schale dicht mit Kresse bewachsen. Sie eignet sich gut als Osternest.

Frühlingsfrühstück
Nach ein paar warmen Frühlingstagen stehen oft die Bäume im Garten in voller Blütenpracht. Stellen Sie die Gartenmöbel hinaus und decken Sie an einem sonnigen Sonntagmorgen den Frühstückstisch unter einem Baum. Setzen Sie auf jeden Teller einen kleinen Schokoladenkäfer. Nun werden die Kinder geweckt – und gleichzeitig etwas verulkt: „Schnell Kinder, kommt in den Garten! Es hat noch einmal geschneit. Die Bäume sind ganz weiß geworden!" Stimmt! Aber der Schnee ist wundervoller Blütenschmuck, von dem auch mal ein paar Blättchen aufs Butterbrot segeln.

Köstliche Erdbeeren
Im Mai ist Erdbeererntezeit. Besuchen Sie, wenn möglich, mit den Kindern eine Erdbeerplantage in der Nähe. Auf vielen kann man die Früchte selbst ernten. Ohne etwas Anstrengung gibt es keinen Genuss – für Kinder eine wichtige Erfahrung, die sie heute kaum noch machen. Hinzu kommt: Selbst geerntete Früchte schmecken immer noch am besten.

Zeigen Sie Ihren Kindern auch, wie man aus Früchten Marmelade kochen kann und damit immer einen Vorrat hat. Sie brauchen ein Kilo reife Erdbeeren. Sie werden mit der Gabel in einem Kochtopf zerdrückt. Geben Sie zwei Esslöffel Zitronensaft dazu und bringen Sie die Früchte unter ständigem Rühren zum Kochen. Nun fügen Sie ein Kilo Gelierzucker hinzu, lassen das Ganze unter Rühren noch einmal kurz aufkochen und bei schwacher Hitze drei Minuten weiterkochen. Nun ist die Marmelade fertig. Sie wird in saubere leere Gläser gefüllt und sofort mit Schraubdeckeln verschlossen.

Ein Käfer geht auf Reisen
Ein Frühlings-Märchen

Karlchen Käfer nimmt seinen kleinen Koffer. Er möchte eine Reise ans andere Ende des Waldes machen. Dort sollen die Blattläuse nämlich viel besser schmecken. Karlchen kommt an einem Hügel vorbei. Manni Maulwurf steckt seinen Kopf aus der Erde und legt seine Schaufel beiseite. „Wohin des Weges, kleiner Käfer?", fragt der Maulwurf. Karlchen antwortet: „Ich möchte zum anderen Ende des Waldes. Da sollen die Blattläuse viel besser schmecken." „Ich möchte auch mal verreisen und nicht immer Höhlen unter der Erde graben. Bitte, nimm mich mit!", bettelt Manni Maulwurf. Aber Karlchen Käfer schüttelt sein Köpfchen: „Nein, das geht nicht. Du bist viel zu langsam. Tut mir Leid, ich muss weiter!" Und der kleine Käfer fliegt los.

Es dauert nicht lange, da setzt er sich auf ein Blatt, um auszuruhen. „Puh, ist das anstrengend!", ruft Karlchen. Da kommt Max Schmetterling vorbei. „Hallo, Max!", ruft der kleine Käfer. „Kennst du den Weg zum anderen Ende des Waldes?" – „Klar, ich kenne mich hier gut aus!", sagt der Schmetterling. Karlchen Käfer jubelt: „Au fein! Dann können wir ja zusammen fliegen!" Und schon machen sich der kleine Käfer und der Schmetterling auf den Weg. Völlig erschöpft landen sie kurze Zeit später auf einem Baumstamm. Doch die beiden sind nicht allein. Zwei Kinder sitzen mit ihren Eltern auf dem Baumstamm und machen Picknick. Ehe Max und Karlchen sie bemerken, ist es bereits zu spät.

„Schau nur, ein Marienkäfer!", ruft eines der Kinder. Und schon ist der kleine Käfer in einem leeren Marmeladenglas verschwunden. Er sieht gerade noch Max Schmetterling davonfliegen. Karlchen ist traurig und denkt: „Nun ist es bestimmt aus mit mir!" Denn von Kindern, die Käfer in leeren Marmeladengläsern gefangen halten, hat er schon die schlimmsten Dinge gehört und seufzt: „Die geben uns Käfern Gras zum Fressen, obwohl wir Blattläuse brauchen. Und manchmal vergessen sie, Luftlöcher in den Deckel zu bohren." Doch zum Glück ist Rettung in Sicht. Max Schmetterling hat nämlich unterwegs Bibi Biene getroffen und ihr alles erzählt. Bibi ist ganz schnell zum Baumstamm geflogen. Und nun setzt sie sich auf die Hand des Kindes mit dem Marmeladenglas. Das Kind lässt das Glas vor Schreck fallen. Ein Glück für Karlchen! Denn das Kind hatte den Deckel noch nicht festgeschraubt. Blitzschnell krabbelt der kleine Käfer aus dem Glas heraus und fliegt wieder zurück nach Hause. Bibi Biene begleitet ihn. Als die beiden daheim ankommen, sagt Karlchen Käfer: „Nie wieder möchte ich verreisen. Und wenn die Blattläuse am anderen Ende des Waldes noch so gut schmecken!" Und dann lädt er Bibi Biene, Max Schmetterling und Manni Maulwurf zum Abendessen ein. Es gibt Walderdbeeren und Blattlausmilch.

Ein Osterhase hat verschlafen
Ein Oster-Märchen

Es ist früh am Morgen. Die Blumen im Garten haben ihre Blütenkelche noch nicht geöffnet. Alle schlafen, nur die Katze ist schon wach. Sie schleicht zur Hundehütte und schaut hinein.
„Miau, miau!", maunzt die Katze. „Kannst du mir helfen?"
Der Hund knurrt: „Ich bin noch müde! Lass mich in Ruhe!"
„Nein!", faucht die Katze, „das geht nicht. Der Osterhase hat verschlafen. Wenn wir ihn nicht wecken, kann er den Kindern keine Eier bringen." – „Ist denn heute schon Ostern?", fragt der Hund. „Ja, heute ist Ostern", sagt die Katze.
Da springt der Hund aus seinem Bett. Schnell läuft er mit der Katze zum Hühnerhaus. „Guten Morgen, Gockelhahn!", rufen der Hund und die Katze. „Guten Morgen, Zottelhund und Miezekatze!", kräht der Hahn. „Warum seid ihr so früh auf den Beinen?" – „Der Osterhase hat verschlafen", maunzt die Katze. „Wenn wir ihn nicht wecken, kann er den Kindern keine Eier bringen", hechelt der Hund aufgeregt. Und dann laufen Hund und Katze zur Weide. Der Hahn flattert voraus und landet auf dem Zaun. „Kikeriki! Kikeriki!", kräht er laut. „Was ist denn hier los?", blökt das Schäfchen. „Der Osterhase hat verschlafen!", bellt der Hund. „Wir müssen ihn wecken, sonst kann er den Kindern keine Eier bringen", maunzt die Katze. „Denn heute ist Ostern", kräht der Hahn. Das Schaf kommt mit. Die vier Tiere laufen zum Wald. Dort wohnt nämlich der Osterhase. Die Katze jammert: „Der Wald ist so groß. Wir werden das Osterhasenhaus bestimmt nicht finden!" Da kommt der rote Fuchs und fragt: „Wohin so früh am Morgen?" – „Der Osterhase hat verschlafen", bellt der Hund. „Wir müssen ihn wecken", maunzt die Katze. „Sonst kann er den Kindern keine Eier bringen", kräht der Hahn. „Denn heute ist Ostern", blökt das Schaf. Da erklärt der Fuchs ihnen den Weg: „Geht am Bach entlang bis zur nächsten Brücke. Auf der anderen Seite seht ihr eine große Wiese. Dort wachsen Osterglocken. Dahinter findet ihr das Osterhasenhaus."
Der Hund, die Katze, der Hahn und das Schäfchen machen sich auf den Weg. Als sie am Osterhasenhaus ankommen, klopfen sie an. Doch niemand öffnet. Da gehen die Tiere ins Haus hinein. Und wer liegt da im Bett und schnarcht, dass sich die Balken biegen? Der Osterhase! Die Katze rüttelt ihn wach. Verschlafen reibt sich der Osterhase die Augen und fragt: „Warum macht ihr einen solchen Lärm? Es ist doch noch viel zu früh!" – „Von wegen! Es ist Ostern. Du musst sofort mitkommen. Denn die Kinder möchten im Garten Eier suchen", bellt der Hund. Sofort ist der Osterhase auf den Beinen. Er schnappt den großen Eierkorb und läuft wie der Blitz hinter den anderen Tieren her. Flink versteckt der Osterhase alle Eier im Garten. Plötzlich geht die Haustür auf. Die Kinder stürmen in den Garten und jubeln: „Der Osterhase war da!" Das stimmt. Aber nicht ganz. Denn der Osterhase ist immer noch da. Er hat sich im Gebüsch versteckt, schaut den Kindern beim Eiersuchen zu und seufzt erleichtert: „Gut, dass die Katze, der Hund, der Gockelhahn und das Schäfchen mich geweckt haben. Sonst hätte ich am Ende Ostern verschlafen."

Wenn Osterhasen hoppeln

Ums Osterfest ranken sich schöne Geschichten, Bräuche und Geheimnisse. Vieles ist überliefert und wird von Generation zu Generation weitergegeben. Dazu gehört auch die Leidensgeschichte Jesu. Eltern wissen oft nicht, wie sie kleinen Kindern von seinem Tod am Kreuz erzählen sollen. Doch nicht selten sind es die Kinder selber, die ihre eigenen Gedanken zum Ausdruck bringen: „Die Leute haben Jesus ans Kreuz geschlagen. Aber er war viel stärker als die. Er war nämlich nach drei Tagen wieder lebendig." Für Kinder gibt es keinen Widerspruch zwischen der Leidensgeschichte und der Existenz des Osterhasen. Es sind zwei unterschiedliche Dinge, die zufällig zur gleichen Zeit passieren. Erzählen Sie Ihren Kindern deshalb beide Geschichten.

Brauchtum am Palmsonntag

Der Osterfestkreis beginnt am Palmsonntag. Als Jesus in Jerusalem einzog, liefen ihm die Menschen entgegen. Sie trugen Palm- und Ölzweige in den Händen. Mit Palmzweigen wurden damals Könige gefeiert. Ölzweige waren ein Zeichen des Friedens. Weil bei uns keine Palmen wachsen, wird am Sonntag vor Ostern im Gottesdienst Buchsbaum gesegnet. In Bayern und Österreich sind Palmbuschen Sitte. Um einen langen Stab werden Palmsträuße gebunden und mit bunten Eiern und Bändern geschmückt.

- In manchen Dörfern stellte man früher Palmbuschen vors Haus. Sie blieben dort bis zum Ostersonntag. Die Kinder machten einen Wettlauf. Wer als Erster beim Palmbuschen war und ihn ins Haus brachte, bekam eine Überraschung. Es wäre schön, wenn Bräuche wie dieser auch heute wieder neu aufleben würden. Machen Sie mit Ihrer Familie doch einfach mal den Anfang! Vielleicht können Sie noch einige Nachbarsfamilien überzeugen.
- Bei Ihren Kindern kommt bestimmt auch gut dieser Brauch aus Westfalen an: Eltern behängten den Palmbuschen mit Süßigkeiten und versteckten ihn Ostern im Haus. Das Kind, das ihn zuerst entdeckte, durfte mit dem Plündern beginnen.

Die Glocken fliegen nach Rom

Eine der schönsten Aufgaben von Eltern und Großeltern ist die Weitergabe alter Geschichten, zum Beispiel diese: „Am Abend des Gründonnerstags hören die Glocken auf zu läuten. Sie sind traurig, weil Jesus an diesem Tag gefangen genommen wurde. Deshalb fliegen sie nach Rom und kommen erst in der Osternacht zurück. Dann läuten sie ganz laut. Denn sie freuen sich und möchten allen Menschen erzählen, dass Jesus von den Toten auferstanden ist." Schön ist es, am Abend vor Ostern mit den Kindern auf die Rückkehr der Glocken zu warten.

Heute gibt es grünes Essen

Noch heute kommt in vielen Familien am Gründonnerstag eine grüne Speise auf den Tisch. In Schwaben werden Maultaschen mit grüner Gemüsefüllung gekocht, in Böhmen Krapfen aus Kartoffelteig mit Spinatfüllung. Im Hamburg wird Kräutersuppe gegessen, im Schwarzwald mit Schnittlauch gebackene Pfannkuchen. Die Menschen früher glaubten außerdem, dass sie gesund bleiben, wenn sie am Gründonnerstag morgens bei Sonnenaufgang ein Butterbrot mit Honig essen. Bringen Sie Ihrer Familie doch an diesem Tag einmal in aller Frühe Honigbrote ans Bett!

Woher kommt der Osterhase?

Die Geschichte vom Hasen, der die Eier bringt, wurde zuerst in den Alpenländern erzählt. Diese Geburtsstunde des Osterhasen liegt weit über 300 Jahre zurück. Es gab aber immer noch Gegenden, in denen andere Tiere die Eier brachten: Hahn, Kuckuck, Kranich, Storch oder Fuchs. Doch der Hase setzte sich immer mehr durch. Er galt nämlich als Fruchtbarkeitssymbol. Vielleicht, weil die Häsin das erste Tier im Frühling ist, das Junge bekommt. Gehen Sie am Karsamstag mit den Kindern auf Osterhasensuche. Wer den ersten Hasen im Feld oder auf der Wiese hoppeln sieht, bekommt einen winzigen Schokoladenhasen.

Das spielten schon unsere Vorfahren

In vielen Ländern haben Kinder mit den hart gekochten Eiern Wettspiele veranstaltet. Hier die drei bekanntesten, die auch heute noch gespielt werden:
- Zwei Kinder stoßen ihre hart gekochten Eier mit den Spitzen oder stumpfen Enden gegeneinander. Wessen Ei dabei zerbricht, der hat verloren und muss sein Ei dem anderen geben.
- Die Kinder lassen ihre Ostereier einen Hügel herunterkullern. Wessen Ei am weitesten rollt, hat gewonnen.
- Jedes Kind legt ein hart gekochtes Ei auf einen Löffel. Und dann rennen die beiden um die Wette. Wer das Ziel als Erster erreicht, ohne das Ei zu verlieren, ist Sieger.

Osterlamm backen

In vielen Familien gibt es zum Kaffee am Ostersonntag ein gebackenes Osterlamm. Übernehmen Sie diese schöne Tradition. Bestimmt machen Ihre Kinder begeistert mit. Sie brauchen 125 g weiche Butter, 125 g Zucker, 1 Päckchen Vanillezucker, 1 Prise Salz, 5 Tropfen Zitronen-Aroma, 2 Eier, 125 g Mehl und Puderzucker zum Bestäuben. Rühren Sie die Butter geschmeidig und fügen Sie nach und nach Zucker, Vanillezucker, Salz und Zitronenaroma hinzu. Das Mehl wird gesiebt und in zwei Portionen jeweils kurz auf niedrigster Stufe untergerührt. Füllen Sie den Teig in eine ausgefettete und mit Mehl ausgestäubte Lamm-Form. Das Lamm wird im vorgeheizten Ofen bei 180 Grad 65 Minuten gebacken. Nehmen Sie das Lämmchen aus der Form, lassen Sie es auskühlen und bestäuben Sie es zum Schluss mit Puderzucker.

5. Ein Koffer voller Sommerfreuden

Grüne Freunde und rote Früchtchen

Im Sommer ist alles üppig und grün. Die Laubbäume haben ein dichtes Blätterdach bekommen. Kinder lieben es, in der Nähe von Bäumen zu spielen. Mit Papa oder Mama ein Baumhaus bauen; sich unter den bis zum Boden hängenden Zweigen der großen Trauerweide verstecken; im Schatten eines Baumes liegen und den am Himmel vorüberziehenden Wolken nachschauen; die Augen schließen und dem Rascheln der Blätter im Wind lauschen: Jeder kennt Beispiele wie diese. Und die meisten Erwachsenen erinnern sich immer wieder gern an einen bestimmten Baum aus ihrer Kindheit zurück. Kinder haben zu Bäumen eine ganz besondere Beziehung. Grund genug, mit ihnen gemeinsam Naturrituale zu entdecken.

Baumrituale

- Fast jedes Kind hat einen Lieblingsbaum. Nehmen Sie sich Zeit, ihn gemeinsam zu betrachten. Wenn der Baum nicht im eigenen Garten, sondern im Wald steht, sollten Sie öfter dorthin spazieren.
- Legen Sie gemeinsam ein Jahresbuch an und halten Sie darin fest, wie der Lieblingsbaum Ihres Kindes sich von Jahreszeit zu Jahreszeit verändert. Auch Fotos, auf denen Ihr Kind und sein Baum zu sehen sind, gehören in ein solches Jahresbuch. Vielleicht schreiben Sie zusammen Gedichte oder kleine Geschichten. Solche Dokumentationen gehören später zu den wertvollsten Erinnerungsstücken an glückliche Kindertage.

Wir feiern Sonnenwende

Der 21. Juni ist der längste Tag des Jahres. Die Sonne hat am Himmel ihren höchsten Stand. Diese Sonnenwende wird vor allem in den skandinavischen Ländern in der Nacht vom 23. zum 24. Juni gefeiert. Denn am 24. Juni ist Johannistag, das Fest des Heiligen Johannes. Es werden überall Feuer angezündet und getanzt.
- Geben Sie dem Johannistag im Jahresfestkreis einen besonderen Platz. Vielleicht feiern Sie es mit Freunden. Sie könnten im Garten ein kleines Feuer auf dem Holzkohlegrill machen. Jeder bekommt einen Spieß, auf den er Brot und Käse schiebt und über der Glut röstet.

Zwischendurch erzählen die Erwachsenen Märchen.
- Wenn das Feuer ganz abgebrannt ist, starten alle zu einer Nachtwanderung. Kinder lieben es, bis zum Sonnenaufgang aufzubleiben. Sie können die Sonne dann mit einem Lied begrüßen.

In reifen Kirschen schwelgen

Auch im Juli gibt es schöne Festbräuche, etwa das Kirschenfest. Es geht auf eine Begebenheit aus dem Sommer 1432 zurück. Damals marschierten Soldaten auf die Stadt Naumburg zu, um sie zu zerstören. Die Bewohner überlegten, was sie tun könnten, um das Unheil von ihrer Stadt abzuwenden. Und so schickten sie alle Kinder – es waren an die 600 – in weißen, mit schwarzen Bändern verzierten Kleidern in das Feldlager der Soldaten. Die unschuldigen Kinder beeindruckten den General und er befahl seinen Soldaten, ihnen nichts zu Leide zu tun. Die Kinder baten den General, ihre Stadt zu verschonen. Er versprach es. Aber bevor sie wieder nach Naumburg gingen, ließ er Musiker zum Tanz aufspielen. Die vielen Kinder saßen auf der Wiese und wurden mit Kirschen bewirtet, die die Soldaten von den Bäumen pflückten. Mit Friedenszweigen in den Händen machten die Mädchen und Jungen sich anschließend auf den Heimweg. Zur Erinnerung an diesen großen Friedenstag beschlossen die Naumburger, jedes Jahr ein Kirschenfest zu feiern.

Sommerliches Kirschenfest

Tun Sie es den Naumburgern nach und feiern Sie mit Nachbarsfamilien, mit Verwandten oder Freunden ein Kirschenfest. Dazu gehören Kirschkuchen oder Kirschpfannkuchen. Kirschenpaare als Ohrringe anhängen: Diese Vorliebe teilen Kinder von heute mit ihren Ururgroßeltern. Aber auch Wettbewerbe im Kirschkernspucken sind beliebt.

Hier einige Ideen:
- Wer spuckt seinen Kirschkern am weitesten?
- Wer schafft es, seinen Kern durch Spucken in einen Kreidekreis zu zielen?
- Wer landet beim Werfen mit Kirschkernen die meisten Treffer in eine wenige Meter entfernt stehende Wanne?
- Im Baum hängt ein Korb. Wer wirft die meisten Kirschkerne hinein?
- Nehmen Sie ein paar Kirschkerne in die geschlossene Hand. Die Kinder müssen die Anzahl erraten. Wer rät richtig?
- Aus Kirschkernen ein Bild legen: Wer erkennt als Erster, ob es ein Haus, ein Schiff, ein Schmetterling oder etwas anderes ist?
- Ein paar Kinder suchen sich ein Versteck und legen auf dem Weg dorthin Kirschkerne aus. Wie lange brauchen die anderen, um das Versteck aufzustöbern? Für jeden aufgesammelten Kirschkern wird ein Punkt gutgeschrieben. Beim nächsten Mal werden die Rollen getauscht. Welche Gruppe hat die meisten Punkte gesammelt und das Versteck am schnellsten gefunden?

Tag des Lächelns

Dies ist ein liebenswerter Brauch aus Amerika. Dort wird Anfang August die „Woche des Lächelns" gefeiert. Kinder malen mit Kreide lachende Gesichter auf Straßen und Mauern. Eltern backen mit den Kindern runde Kekse. Aus buntem Zuckerguss werden Augen und ein lachender Mund darauf gemalt. Es muss ja nicht gleich eine ganze Woche sein, ein „Tag des Lächelns" reicht auch. Eine weitere Idee: Aus weißer Pappe einen Kreis ausschneiden. Auf eine Seite ein lachendes Gesicht malen, auf die andere etwas Nettes schreiben und es verschenken.

Warum der Mond am Himmel steht
Ein Sommernachts-Märchen

Es gab einmal ein Land, dort waren die Nächte immer dunkel. Niemals ging der Mond auf. Da machten sich vier junge Männer auf die Wanderschaft. Sie wollten ein Land suchen, in dem die Nächte heller waren. Nach langer Zeit erreichten sie das gesuchte Land. Die jungen Männer staunten. Denn am Abend, als die Sonne hinter den Bergen verschwunden war, sahen sie auf einem mächtigen Baum eine glänzende Kugel. Ihr mattes Licht leuchtete wunderschön.

Die Wanderer fragten einen Bauern, der mit seinem Wagen vorbeifuhr: „Sag uns, was ist das für eine Kugel?" Der Bauer antwortete: „Es ist der Mond. Der älteste Mann im Dorf hat ihn für drei Taler gekauft und an dem großen Baum befestigt. Er muss täglich Öl auf den Mond gießen, damit er immer hell leuchtet. Dafür erhält er jede Woche von uns einen Taler."

Als der Bauer weitergefahren war, sagte einer der jungen Männer: „Den Mond könnten wir gut brauchen. Wir haben in unserem Land einen Baum, der noch viel größer ist als dieser. Daran können wir den Mond hängen. Stellt euch vor, wie sich die Menschen in unserem Land freuen, wenn sie nachts nicht mehr in der Finsternis herumtappen müssen!" – „Lasst uns Pferde und Wagen holen und den Mond mitnehmen", schlug der zweite vor. „Die Leute hier im Dorf sind reich. Sie können sich einen anderen Mond kaufen." „Ich kann gut klettern", sprach der dritte, „ich werde ihn herunterholen."

Die jungen Männer holten einen Wagen mit Pferden. Derjenige, der gut klettern konnte, stieg auf den Baum, bohrte ein Loch in den Mond, zog ein Seil hindurch und ließ ihn herab. Als die glänzende Kugel auf dem Wagen lag, deckten die Männer ein Tuch darüber. Denn niemand sollte den Diebstahl bemerken. Sie brachten den Mond auf schnellstem Wege in ihr Land und stellten ihn auf den größten Baum weit und breit. Alte und Junge freuten sich, als das neue Licht abends durch die Fenster ihrer Häuser schien. Auch die Zwerge und Elfen waren glücklich. Sie kamen aus ihrem unterirdischen Reich heraus und riefen: „Lasst uns tanzen und feiern! Schlafen können wir tagsüber in unseren Höhlen!"

Die vier Männer sorgten dafür, dass das Licht nie ausging. Jeden Abend goss ein anderer Öl über den Mond. Und sie beschlossen, den Mond nie wieder herzugeben. „Wenn der Letzte von uns gestorben ist, soll ihm sein Sohn den Mond mit ins Grab legen", nahmen sie sich vor.

So gingen die Jahre ins Land. Die Männer wurden alt. Einer nach dem anderen starb. Als auch der letzte Mann tot war, kletterte sein Sohn auf den Baum, nahm den Mond herunter und begrub ihn. Von nun an war es nachts im ganzen Land wieder stockfinster.

Im unterirdischen Reich der Elfen und Zwerge jedoch war es von nun an hell. Denn der Mond leuchtete in jeden Winkel hinein. Zuerst freuten sich die Zwerge und Elfen. „Wie schön!", riefen sie begeistert. „Nun können wir Tag und Nacht im Mondlicht tanzen!" Aber es dauerte nicht lange, da wurden alle Bewohner des unterirdischen Reiches krank. Denn sie fanden keinen Schlaf mehr. Die älteste Elfe hatte eine Idee: „Ich gehe in der Nacht zum Sohn des Mannes, der als Letzter gestorben ist. Vielleicht kann der Junge uns

helfen, den Mond wieder an die Erdoberfläche zu bringen. Dann wird es hier unten endlich wieder dunkel. Und wir können ruhig schlafen."
So geschah es, dass die Elfe in der Nacht durchs Fenster in die Kammer des Jungen sprang. „Bitte, hilf uns!", bat die Elfe. „Wir halten es im hellen Mondlicht nicht mehr länger aus!"
Der Junge folgte der Elfe ins unterirdische Reich. Dort band er ein Seil um den Mond und zog ihn höher und höher bis zur Erdoberfläche. Dann stieg der Junge auf den großen Baum und zog den Mond hinauf. Er band das Seil los. Plötzlich bewegte sich der Mond. Er schwebte höher und höher, bis er hoch oben am Himmel stehen blieb. Und dort steht er auch noch heute.

Nach den Brüdern Grimm

Abenteuer pur – auch ohne Urlaubsreise
Kinder brauchen keine weiten Urlaubsreisen, auch Ferien daheim können richtig abenteuerlich sein. Mit den Eltern zelten, ein Baumhaus bauen, am Seeufer das Leben unter Wasser erforschen, im Wald ein Picknick machen: Das sind Erlebnisse, von denen Kinder ein Leben lang zehren. Es gibt sie noch, die etwas außergewöhnlichen Abenteuer, die den Sommer für Kinder und Eltern zu etwas Besonderem machen. Hier finden Sie ein paar Ideen, die zu schönen Familientraditionen im Sommer werden könnten.

Bach-Erkundungstag
Fließende Gewässer ziehen Kinder magisch an. Erklären Sie einen Tag zum Bachtag. Es sollte hochsommerlich warm sein, denn beim Spielen am Wasser werden Kinder pitschenass. Am besten suchen Sie einen kleinen, munter plätschernden, flachen Bachlauf im Wald oder auf einer nahe gelegenen Wiese aus. Sie brauchen Verpflegung für den Tag, eine Decke zum Picknicken, Handtücher, Kleidung zum Wechseln und Gummistiefel. Dazu ein paar Korken, Schnur, kleine Sandeimer und Siebe, kleine Schaufeln und eine Unterwasserlupe.

Kinder lernen bei solchen Expeditionen eine ganze Menge. Und oft wird dieses Wissen von Generation zu Generation weitergegeben. Wenn schon der Großvater zum Beispiel die Fließgeschwindigkeit des Wassers messen konnte, wissen garantiert auch seine Kinder und später die Enkelkinder, wie es funktioniert, nämlich so: An einem Stock wird eine Schnur festgebunden und am unteren Ende der Schnur ein Korken befestigt. Der Abstand zwischen Knoten und Korken muss genau einen Meter betragen. Der Stock wird ins Wasser gestellt und festgehalten. Eines der Kinder hält den Korken und lässt ihn erst los, wenn Sie das Kommando geben. Während der Korken im Wasser schwimmt, messen Sie mithilfe des Sekundenzeigers Ihrer Armbanduhr die Zeit. Sie wird gestoppt, wenn die Schnur straff gespannt und der Korken ein Meter weit geschwommen ist.

Wertvolle Erinnerungen

„Weißt du noch, als wir immer am Abend mit Mama auf dem Bootssteg saßen und sie uns Geschichten vom Unterwasserkönig und seinen Meereskindern erzählt hat?" Wenn Geschwister sich als Erwachsene an solche Dinge noch gern erinnern, geben sie diese Familientradition garantiert an die eigenen Kinder weiter. So sind übrigens viele Märchen entstanden. Viele Menschen konnten früher nicht lesen und schreiben. Sie erzählten die alten Geschichten weiter. Im Zeitalter von CDs und DVDs sind selber ausgedachte Geschichten ein Schatz geworden, der gehütet werden will. Stimmungsvolle Sommerabende und spannende Geschichten gehören einfach zusammen.

Eine große Rolle spielt auch der Ort, an dem sie erzählt werden. Ein Gruselmärchen wirkt unter einem Baum im Mondschein ganz anders als beim Schein einer Glühlampe im Kinderzimmer. Erzählen Sie Geschichten möglichst dort, wo sie spielen. Bei der Piratengeschichte muss es ja nicht gleich das Meer sein. Ein kleiner See, ein Bach oder der Gartenteich reichen aus, um die Fantasie der Kinder anzuregen.

Spaziergänge mit Spaßfaktor

Auch wenn die Ferien noch nicht angefangen oder schon vergangen sind: Nehmen Sie sich an einem Abend in der Woche Zeit, mit den Kindern einen Spaziergang zu machen. Natürlich bieten sich dafür lange Sommerabende besonders gut an. Aber Spazierengehen ist nicht wetterabhängig. Es gibt warme und wasserdichte Kleidung.
- Hin und wieder eine kleine Überraschung macht aus diesem Abend einen Höhepunkt der Woche. Da weisen einmal geheimnisvolle Kreidespuren oder goldene Klebesterne den Weg zum Ziel.
- Beim Hineingreifen in Mamas Manteltasche finden die Kinder ein Tütchen mit Gummibärchen.
- Der Papa zaubert zwischendurch ein Stück Kreide hervor und malt Hüpfkästchen auf den Gehweg.

Auch ein Stadtbummel sollte in jeder Jahreszeit einmal auf dem Programm stehen. Vertagen Sie Ihre Einkäufe aber bitte auf später, damit Ihre Kinder sich nicht langweilen.
- In der Stadt gibt es viele Möglichkeiten: Ein paar Stationen mit der Straßenbahn fahren, durch einen Park bummeln, ein Museum besuchen, das Kinderführungen anbietet, usw.
- Auch den Besuch eines schönen Cafés werden Kinder genießen. Im Sommer könnte auch der Besuch eines Wochenmarktes dazugehören. Wann sehen Kinder, die nicht in der Stadt wohnen, schon eine solche Fülle an Früchten, Obst, fremdländischen Gewürzen, Kräutern und Blumen? Das sind Sinneseindrücke pur!

Erlebnisausflüge

Zu den besonders beliebten Familienritualen zählen auch Ausflüge mit besonderem Kick, etwa der jährliche Zoobesuch, eine Dampferfahrt auf einem Fluss, die Besichtigung einer alten Ritterburg, eines Freilichtmuseums oder eines Bauernhofs. Solche Ausflüge regen die Fantasie der Kinder zu Rollenspielen an. Freizeitparks sind zwar bei Kindern beliebt, aber weniger ist oft mehr. Für Kindergartenkinder muss es keine Achterbahn mit Super-Looping sein. Besuchen Sie lieber einen Park mit großem Spielplatz und Märchenpark, mit Kinderbauernhof und nostalgischen Karussells.

6. Bunt und lustig ist der Herbst

Kartoffelfest und Geisterspuk
Im Herbst legen die Bäume ihr schönes buntes Blätterkleid an. Kastanien, Eicheln und Nüsse laden zum Sammeln und Spielen ein. Kartoffeln, Äpfel, Birnen und Nüsse sind nun reif. Für die reiche Ernte danken wir am ersten Sonntag im Oktober, wenn traditionell das Erntedankfest gefeiert wird.

Eine tolle Knolle
Kinder staunen oft, dass Kartoffeln nicht an der Pflanze hängen, sondern unter der Erde wachsen. Erfahrungen wie diese sind in unserer Zeit immer mehr verloren gegangen. Wo haben Mädchen und Jungen heute schon Gelegenheit, Kartoffeln oder Möhren auszubuddeln oder Fallobst aufzuheben und daraus Mus zu kochen? Es ist deshalb gut, wenn Kinder einmal beim Ausmachen von Kartoffeln zuschauen und mitmachen dürfen – vielleicht im Nutzgarten der Großeltern, bei der netten Landwirtsfamilie am Rande des Dorfes oder bei einem Kleingärtner in der Nähe.

Saisonale und lokale Küche
- Die Erntezeit lädt dazu ein, einmal nur das zu kochen, was gerade Saison hat. Wenn Sie keinen eigenen Garten haben, gehen Sie mit den Kindern zum Wochenmarkt. Kaufen Sie ausschließlich Gemüse und Obst aus Ihrer Gegend. Kinder sollen Lebensmittel als etwas Wertvolles erleben.
- Kartoffeln sind richtige Verwandlungskünstler. Auf der Speisekarte im Herbst könnten Pellkartoffeln, Bratkartoffeln, Kartoffelplätzchen, Kartoffelkuchen, Kartoffelsuppe oder Pommes frites stehen – natürlich selbst zubereitet.
- Auch Chips schmecken aus der eigenen Küche super: Rohe, geschälte Kartoffeln werden fein gehobelt und trocken getupft. Bepinseln sie die dünnen Scheiben mit Olivenöl. Die Chips werden auf ein gefettetes Backblech gelegt und im Backofen bei 220 Grad etwa eine halbe Stunde gebacken. Nach dem Backen werden die Chips gesalzen oder gewürzt.

– Das Gleiche gilt für selbst zubereitetes Kartoffelpüree. Kochen Sie ein Kilo Kartoffeln mit der Schale. Sie werden anschließend gepellt und klein gestampft. Bringen Sie dazu 400 ml Milch zum Kochen. Die gestampften Kartoffeln werden hineingegeben und gut durchgeschlagen. Das Püree wird mit Salz und geriebener Muskatnuss gewürzt. Rühren Sie noch 2 Esslöffel Sahne und 2 Esslöffel Butter unter.

Alles mit Äpfeln

– Auch aus Äpfeln können Sie mit den Kindern im Herbst und Winter leckere Knabbereien zubereiten. Dazu werden Äpfel geschält, entkernt und in dünne Ringe geschnitten. Fädeln Sie die Ringe auf eine Schnur oder ein langes Stöckchen auf. Nach einer Woche sind sie trocken und kross geworden.

– Schnell hergestellt ist auch Apfelmus: Äpfel schälen, Kerngehäuse entfernen und in Stücke schneiden. In einen Topf geben und knapp mit Wasser bedecken. In wenigen Minuten weich kochen und pürieren. Danach abkühlen lassen und das Apfelmus gemeinsam essen.

– Aus den Apfelkernen können Sie für die Kinder Ketten basteln. Dazu die frischen Kerne mit einer Nadel auf einen Faden aufziehen und die Enden verknoten.

– Überraschen Sie Ihre Kinder zum Erntedanktag beim Frühstück mit Apfelschiffchen. Sammeln Sie acht verschiedene Blätter. Ein Apfel wird in acht Schnitze geschnitten und das Kerngehäuse entfernt. Stecken Sie durch jedes Blatt einen Zahnstocher und setzen Sie ihn als Segel in die Apfelschiffchen.

Wenn die Geister poltern

Am letzten Abend im Oktober sind die Gespenster los. Halloween wird am Abend des 31. Oktober in Amerika, Kanada, England und Irland gefeiert – und mittlerweile auch bei uns. Überall sieht man auf den Fensterbänken und vor Haustüren ausgehöhlte Kürbisse und Rüben stehen, in die schaurige Gespensterfratzen hineingeschnitzt wurden. Am 1. November feiert die katholische Kirche Allerheiligen. Vor langer Zeit glaubten die Menschen, dass in der Nacht vor Allerheiligen Geister ihr Unwesen treiben.

Halloween-Aktionen

– Viele Kinder ziehen an Halloween von Haus zu Haus. Sie klingeln an den Türen und stellen die Hausbewohner vor die Wahl: „Süßes oder Saures". Wer keine Süßigkeiten herausrückt, muss damit rechnen, dass ihm der Geiz mit einem Streich heimgezahlt wird. Nicht jeder hat für diesen aus Amerika importierten Brauch Verständnis. Doch über einen schaurig-schönen Abend freuen sich die Kinder gewiss.

– An Halloween dürfen die Kinder so lange aufbleiben, wie sie mögen, und als Gespenster durchs Haus irren. Laden Sie am besten gleich die Nachbarsfamilie mit ein. Umso mehr Spaß macht es nämlich.

– Eine besondere Überraschung: Jeder Erwachsene muss eine Gespenstergeschichte erzählen oder vorlesen.

– Zu essen gibt es Spinnenbrote: Eine runde Pumpernickelscheibe wird mit Frischkäse bestrichen. Legen Sie eine zweite Scheibe darauf und zwischen die Scheiben Stücke von Lakritzschnüren als Spinnenbeine. Das Gesicht wird mit Majonäse und Tomatenmark aufgemalt.

– Die Getränke sind an diesem Abend blutrot (Himbeerbrause) oder giftgrün (Waldmeisterbrause).

Der Wassergeist
Eine Gespenstergeschichte

Anna und Felix sind schon ganz aufgeregt. Denn morgen ist Halloween und sie möchten sich als Geister verkleiden. Die Geschwister steigen auf den Dachboden. Dort steht die Kiste mit den Verkleidungssachen. Anna und Felix wühlen eine ganze Weile darin herum. Da ruft Anna: „Ich hab was gefunden! Ich zieh morgen mein Hexenkostüm an!" Felix sucht noch eine Weile. Ein Pirat passt nicht zu Halloween, ein Indianer auch nicht. Anna hat plötzlich eine Idee. „Geh doch als Gespenst!", schlägt sie vor. „Super!", ruft Felix begeistert. „Als Gespenst kann ich allen großen Leuten Angst einjagen!"

Anna und Felix laufen zu ihrer Mama. „Ich möchte morgen als Gespenst gehen!", ruft Felix. „Hast du ein altes weißes Bettlaken?" Felix hat Glück. Mutter holt ein weißes Laken und wirft es ihm über. Es ist viel zu lang. „Ich habe noch weiße Kordel. Die binden wir um deinen Bauch. Da wird das Gespensterkleid kürzer, und du kannst es beim Herumlaufen nicht verlieren", sagt sie. „Wir müssen auch noch Löcher für Augen und Mund hineinschneiden", meint Anna. Felix probiert das Gespenstergewand an. Er sieht wirklich zum Fürchten aus. Anna malt mit schwarzem Stoffmalstift noch ein großes schwarzes Spinnennetz auf den Gespensterrücken.

Am nächsten Abend ist es endlich soweit. Anna, die Hexe, und Felix, das Gespenst, treffen sich mit den Nachbarskindern auf dem Spielplatz. Kai geht als Dracula, Susi als Waldgeist. Tim kommt als Zauberer und Marie als Vampir. Sie hecken einen Plan aus. „Wir geistern in den Gärten herum, klopfen ans Fenster und erschrecken die Leute", schlägt Felix vor. „Nein, besser ist es, zuerst an den Haustüren zu klingeln. Wenn die Tür aufgeht, sagen wir ‚Süßes oder Saures'. Wenn die Leute nicht nett sind und uns keine Bonbons schenken, können wir immer noch in ihrem Garten herumgeistern", meint Tim, der Zauberer.

Die Kinder ziehen los. Doch einer ist nicht dabei: das Gespenst. Es möchte mal ausprobieren, ob die Leute sich wirklich vor ihm fürchten. „Frau Huber, unsere Nachbarin, hat bestimmt Angst vor Gespenstern", denkt Felix. Und schon tanzt das kleine Gespenst im Nachbarsgarten herum. Der Mond leuchtet heute besonders hell. Da hört Felix ein Geräusch. Es kommt vom Teich. Der Junge läuft hin und schaut ins Wasser. Vor Schreck bleibt er wie angewurzelt stehen.

Im Wasser schwebt nämlich ein Gespenst. Böse faucht es Felix an. Der Junge wird starr vor Schreck. Laut schreiend rennt er zu den andere Kindern. Als sie vom Gespenst im Teich hören, bekommen auch sie es mit der Angst zu tun. Doch Dracula meint: „Gemeinsam sind wir stärker als das Gespenst. Kommt, wir suchen es!" Dracula, der Waldgeist, der Zauberer, der Vampir, die Hexe und das kleine Gespenst laufen zum Garten von Frau Huber. Leise schleichen sie sich an den Teich heran und schauen ins Wasser. Und was sehen sie da? Ein Gespenst, eine Hexe, einen Vampir, einen Zauberer, einen Waldgeist und Dracula! Anna ruft: „Du hast dich selber gesehen, Felix! Denn im hellen Mondschein ist das Wasser im Teich wie ein Spiegel!" Da kichern und prusten die anderen los. Doch Felix glaubt immer noch an das echte Gespenst. „Es hat ganz böse gefaucht! So wie jetzt!

Ich habe Angst!", ruft er. Da ruft Dracula: „Es ist die Katze von Frau Huber. Sie hat Angst vor uns. Deshalb faucht sie." – „Wenigstens einer, der Angst vor mir hat", seufzt Felix erleichtert. Und dann bittet er die anderen: „Erzählt es nicht weiter! Denn vor einem Gespenst, das vor sich selber Angst hat, fürchtet sich niemand!" Die anderen geben ihr Ehrenwort. „Wir Halloween-Geister müssen zusammenhalten", lacht Dracula.

Drachenflug, Nebelfee und Martinsabend

Im Herbst sind wir vor Wetterkapriolen nie sicher. Goldener Oktober mit wärmenden Sonnenstrahlen macht Hoffnung auf einen schönen Herbst. Aber am nächsten Tag können uns bereits Nieselregen, Nebel, Wind und lausige Kälte zu schaffen machen. Doch jedes Wetter hat seinen ganz besonderen Reiz.

Spiele mit dem Wind

– Die Wiesen sind abgemäht, die Felder abgeerntet. Auf den weiten Flächen können Eltern und Kinder Drachen steigen lassen. Für kleine Kinder muss es noch kein aufwändiger und großer sein. Denn das Halten und Lenken eines Drachens erfordert schon etwas Kraft.

– Drachen-Anfänger haben genauso viel Freude an einem Flatterstock. Am Ende eines Stocks werden verschieden lange Papierbänder oder in Streifen geschnittene Plastiktüten befestigt. Wenn der Stock beim Laufen hochgehalten wird, flattern die Bänder lustig im Wind und machen Geräusche.

Schmuddelwetter ist prima!

Kleine und Große brauchen frische Luft bei jedem Wetter. Eltern können Kindern Appetit auf Dinge machen, die nur bei Regen und Matsch möglich sind. Schmuddelwetter hat seinen besonderen Reiz. Spaziergänge auf überschwemmten Wegen, Schlamm, der bei jedem Schritt unter den Gummistiefeln schmatzt: Das sind Herbstfreuden, die Kinder genießen – vor allem, wenn sie sich dabei schmutzig machen dürfen.

– Erzählen Sie Ihren Kindern von der Nebelfee, die sich in einer dicken Nebelschwade oder in einer Wolke versteckt. Sie zeigt sich nur Müttern und Vätern, für Kinder bleibt sie unsichtbar. Die Nebelfee erzählt den Eltern zum Beispiel von der langen Reise der Wassertröpfchen zur Erde und was sie dabei so alles erleben. Und die Eltern erzählen es ihren Kindern weiter.

- Manchmal hinterlässt die Nebelfee kleine Zeichen. Da liegen auf einmal blanke 1-Cent-Münzen auf dem Weg. Oder auf einer Regenpfütze schwimmt ein Papierschiffchen mit Gummibärchen-Matrosen. Solche kleinen Wunder bringen Glanz in den Alltag Ihrer Kinder und schenken ihnen wunderschöne Erinnerungen.

- Ein beliebtes Spiel bei Schmuddelwetter, das schon unsere Großeltern kannten: Alle fassen sich hintereinander um die Hüften oder an die Schultern und marschieren im Gleichschritt zu folgendem Sprechgesang: Ein Hut, ein Stock, ein Re-gen-schirm. Und vorwärts, rückwärts, seitwärts, stopp! Es ist gar nicht so einfach, dabei im Gleichschritt zu bleiben.

Ich geh mit meiner Laterne

Um den Martinstag ranken sich viele Geschichten und Bräuche. Im Mittelpunkt des Festes steht die Hilfsbereitschaft des Heiligen Martin. Der Legende nach teilte er mit einem Bettler seinen Mantel und bewahrte ihn so vor dem Erfrieren. Martin ließ sich taufen und wurde später Bischof von Tours. Zu Ehren des Heiligen ziehen die Kinder mit Laternen durch die Straßen. Allen voran ein Reitersmann, der den Heiligen Martin spielt. Für Mädchen und Jungen ist dieses Fest ein wichtiger Meilenstein im Jahreskreis. Denn nach Martin beginnen allmählich die Vorbereitungen auf die Adventszeit.

Auch an andere denken

Menschen in Not gibt es viele – damals, zu Lebzeiten des Heiligen Martin, und auch heute.
– Verabreden Sie sich am Martinstag mit einigen Familien und begleiten Sie die Kinder mit ihren Laternen auf einem Zug durchs Viertel. Gehen Sie von Haus zu Haus und sammeln Sie für eine Hilfsorganisation. Es empfiehlt sich, vorher ein kurzes Schreiben aufzusetzen, es zu vervielfältigen und in alle Briefkästen zu werfen. Erklären Sie den Hausbewohnern, wofür die Mädchen und Jungen sammeln – etwa für Kinder in Kriegs- und Krisengebieten. Kinder lernen so schon früh, Verantwortung zu übernehmen und durch eigene Ideen die Not anderer zu lindern.

- Laden Sie eine Nachbarsfamilie nach dem Laternenumzug zum Martinspunsch ein. Für acht Gläser brauchen Sie zwei Liter roten Traubensaft, 4 Beutel Glühweingewürz, 4 Apfelsinen, 2 Zitronen, etwas Honig oder Zucker. Erhitzen Sie den Traubensaft und hängen Sie die Gewürzbeutel hinein. Das Ganze muss bei schwacher Hitze zehn Minuten ziehen. Inzwischen pressen Sie den Saft der Apfelsinen und Zitronen aus, geben ihn zum heißen Traubensaft und süßen den Punsch. Zum Schluss nehmen Sie die Gewürzbeutel heraus.

- Zu einem Martinsabend gehören natürlich auch Brezeln. Backen Sie sie vor dem Martinsumzug mit den Kindern. Sie brauchen: 200 g Quark, 6 Esslöffel Milch, 100 g Zucker, 1 Prise Salz, 1 Ei, 6 Esslöffel Öl, 400 g Mehl, 1 Päckchen Backpulver, 1 Eigelb. Geben Sie Quark, Milch, Öl, Ei, Zucker und Salz in eine Schüssel und verrühren Sie alles miteinander. Die Hälfte des Mehls wird mit dem Backpulver zur Quarkmasse gesiebt und untergerührt. Kneten Sie das restliche Mehl mit den Händen unter. Formen Sie aus dem Teig Würste und legen Sie daraus Brezeln. Die Brezeln werden auf ein gefettetes Blech gelegt und mit verschlagenem Eigelb bestrichen. Backen Sie die Brezeln bei 190 Grad etwa 20 Minuten.

7. Weihnachtsduft und Schneegestöber

Wir warten auf Weihnachten

Der Advent ist eine Zeit voller Überraschungen. Kinder genießen den Plätzchenduft, den Lichterglanz, die besondere Stimmung. Auch den Eltern kommen kleine Oasen der Ruhe zugute. Denn sie laufen dann nicht so schnell Gefahr, sich von der Hektik der Vorweihnachtszeit anstecken zu lassen. Schaffen Sie für sich und Ihre Familie jetzt im Dezember tägliche Ruhepole – immer zur gleichen Zeit und am besten abends. Schön ist ein Ritual, etwa das Anzünden einer Kerze am Adventskranz. Die Kinder wissen dann: Nun wird es besonders gemütlich. Und ein bisschen Spannung ist auch dabei: Was erzählt Mama heute? Ob Papa sich wieder ein lustiges Spiel ausgedacht hat?

Gespannte Freude

Warten auf ein schönes Ereignis ist wie Kribbeln im Bauch – einerseits wohltuend, andererseits vor Vorfreude kaum auszuhalten. Das erleben Kinder vor allem im Advent. Ein Adventskalender hilft, die Wartezeit in kleine Etappen einzuteilen. Auch der Adventskranz ist ein schönes Wartesymbol. Die vier Kerzen sind Zeiteinheiten auf dem Weg zum Weihnachtsfest. Kinder lernen dabei, dass Warten ihre Geduld nicht nur auf eine harte Probe stellt, sondern dass es auch sehr schön sein kann.

Der Adventskranz mit 24 Kerzen

Erzählen Sie Ihren Kindern, wie Adventskranz und Adventskalender entstanden: In Hamburg lebte vor mehr als 160 Jahren Pastor Johann Heinrich Wichern. Die Menschen in der Stadt litten damals große Not. Viele Kinder hatten keine Eltern mehr und mussten betteln. Pastor Wichern baute ein großes Haus, in dem er viele Kinder aufnahm. Dieses Haus hieß das „Raue Haus". In der Adventszeit erzählte der Pastor den Kindern jeden Abend eine Geschichte. Und immer zündete er dabei eine Kerze mehr an. Schließlich leuchteten am 24. Dezember 24 Kerzen. Im nächsten Advent baute ein Freund von Pastor Wichern einen großen Kronleuchter. Er schmückte ihn rundherum mit grünen Tannenzweigen. Alle 24 Kerzen hatten darauf Platz. Bald sprach sich die Sache mit dem Kronleuchter und den 24 Adventskerzen in der ganzen Stadt herum. Es dauerte nicht lange, da hatten immer mehr Familien einen solchen Kranz. Doch weil die meisten Leute nicht so viel Platz hatten wie Pastor Wichern, steckten sie auf ihre grünen Kränze nur vier Kerzen – für jeden Adventssonntag eine.

Der erste Adventskalender

Die Nachricht vom ersten Adventskranz verbreitete sich sehr schnell über Hamburg hinaus im ganzen Land. Auch die Familie Lang aus München hatte davon gehört. Der kleine Gerhard war wie alle Kinder in den Tagen vor Weihnachten sehr ungeduldig. Da hatte seine Mutter eine Idee. Sie malte auf ein großes Stück Karton 24 Felder und legte auf jedes Feld ein Plätzchen. Gerhard durfte jeden Tag eines wegnehmen und aufessen. Der kleine Junge gründete später eine eigene Firma. Sie hieß Reichhold & Lang. Im Jahr 1903 brachte er den ersten gedruckten Adventskalender heraus. Auf die 24 Felder wurden Adventsgedichte geschrieben und auf einem gleich großen Bogen 24 passende Bildchen gemalt. Die Kinder schnitten nun an jedem Tag ein Bild aus und klebten es auf den Spruch.

Barbarazweige

Vor allem in katholischen Gegenden ist es Brauch, am 4. Dezember Kirschzweige abzuschneiden und ins Wasser zu stellen. Oft blühen sie dann an Weihnachten. Die Menschen denken bei diesem Brauch an die Heilige Barbara. Sie lebte vor 1700 Jahren und wurde als Christin verfolgt. Der Legende nach teilte sie im Gefängnis ihr Wasser mit einem kahlen Kirschzweig. Bald begann er zu blühen – mitten im Winter. Das war für Barbara ein Zeichen für das Weiterleben nach dem Tod.

Wunschblüten

Schneiden Sie für jedes Familienmitglied Blüten aus weißem Tonpapier. Jeder schreibt dann auf seine Blüte, was er sich von den anderen wünscht. Die Erfüllung dieser Wünsche darf kein Geld kosten. Beispiele: Der kleine Bruder wünscht sich von seiner großen Schwester, dass sie sein Fahrrad repariert. Oder die Mutter wünscht sich vom Vater, dass er den Großeinkauf übernimmt. Hängen Sie die Blüten an den Adventskranz. Wenn ein Wunsch erfüllt wurde, werden die Blüten bunt ausgemalt. Schön ist es, wenn an Weihnachten nur noch bunte Blüten am Adventskranz zu sehen sind.

Der Nikolaus im Wald

Nikolaus war ein Bischof und lebte vor mehr als 1600 Jahren in Myra, einer Stadt in der heutigen Türkei. Obwohl wir kaum etwas über sein Leben wissen, gibt es über ihn viele Legenden, in denen er als Wohltäter der Armen, vor allem aber der Kinder, beschrieben wird. Deshalb stellen Kinder am Vorabend des Nikolaustages, der am 6. Dezember gefeiert wird, ihre blank geputzten Stiefel oder einen Teller auf. Und wenn sie morgens aufstehen und nachschauen, sind Stiefel oder Teller mit Apfelsinen, Äpfeln, Nüssen, Plätzchen und anderen Leckereien gefüllt.

Nikolaus kommt!

Sehr stimmungsvoll ist eine Begegnung mit dem Nikolaus im Wald. Ein Erwachsener verkleidet sich als Nikolaus und legt auf einem Waldweg Spuren. Hin und wieder entdecken die Kinder einen kleinen roten Apfel, eine Nuss oder einen Schokoladentaler in Goldpapier. Plötzlich bimmelt ein Glöckchen und aus dem Wald taucht der Nikolaus auf. Er beschenkt Kinder und Erwachsene mit Äpfeln, Nüssen und Lebkuchen. Ein nicht nur für Kinder unvergessliches Erlebnis!

Nikolausmüsli

Überraschen Sie Ihre Kinder am Morgen des Nikolaustages mit einem besonderen Müsli: „Das hat der Nikolaus für euch gemacht!" Schneiden Sie dazu mit Ausstechförmchen aus Bananenscheiben und Apfelspalten kleine Sterne und legen Sie sie aufs Müsli. Den Kakao gibt es aus extra Nikolaustassen.

Frühstück im Lichterglanz

Am 13. Dezember wird in Schweden das Lucia-Fest gefeiert. Die Menschen denken dabei an die Heilige Lucia, die vor etwa 1700 Jahren auf Sizilien lebte und ihr ganzes Vermögen an Arme verschenkte. Lucia heißt „Die Leuchtende". Mädchen ziehen ein langes, weißes Kleid an und setzen sich einen grünen Kranz mit Kerzen auf den Kopf. Sie bringen als Lichterköniginnen ihren Familien das Frühstück ans Bett.

- Eine schöne Idee am Lucia-Tag: Stellen Sie auf dem Frühstückstisch vor jeden Platz eine Kerze. Verteilen Sie noch weitere Kerzen in der Küche oder im Speisezimmer. Wenn sie angezündet sind, wird das elektrische Licht ausgeknipst.

- Ein Laternenspaziergang am Abend ist für Kinder ein ganz besonderes Erlebnis. Schauen Sie die weihnachtlich dekorierten Fenster in den Häusern an. Denken Sie sich zusammen aus, welche Leute dort wohl wohnen und was sie gerade machen. Falls Ihr Weg an einem Bach oder einem See vorbei führt, könnten Sie Schwimmkerzen mitnehmen. Es ist faszinierend, den davonschwimmenden Lichtern nachzuschauen.

Die längste Nacht

Der 21. Dezember ist der Tag der Wintersonnenwende – mit dem kürzesten Tag und der längsten Nacht des Jahres. Ein alter bäuerlicher Brauch war, am Abend der Wintersonnenwende kleine rote Äpfel und Nüsse auf den Tisch zu stellen. Die Menschen glaubten, dass sie dann im kommenden Jahr keine Not leiden würden. Die Familien beschenkten sich gegenseitig mit den Äpfeln und Nüssen, damit allen Reichtum zuteil werde.

Bratapfel-Abend

Laden Sie doch liebe Verwandte oder Freunde mit Kindern am Tag der Wintersonnenwende zum Bratäpfel-Brutzeln ein. Für acht Portionen brauchen Sie: 4 große Äpfel, 60 g Butter, 160 g Müslimischung, 2 TL Zitronensaft, 200 g Schlagsahne und 8 Kugeln Vanilleeis. Die Äpfel werden halbiert und die Kerngehäuse entfernt. Verkneten Sie die Müslimischung mit der Butter und dem Zitronensaft und füllen Sie die Masse in die Apfelhälften. Fetten Sie eine Auflaufform mit etwas Butter ein und setzen Sie die Äpfel hinein. Sie werden im vorgeheizten Ofen bei 200 Grad 30 bis 40 Minuten gebraten. Servieren Sie die Bratäpfel mit Vanilleeis und geschlagener Sahne.

Das Kornwunder von Myra

Eine Nikolaus-Geschichte

Damals, als Nikolaus Bischof von Myra war, brach eine große Hungersnot über das Land herein. Es hatte lange Zeit nicht geregnet. Die Felder waren so trocken, dass kein Getreide wachsen konnte. Die Vorratskammern in Myra wurden immer leerer. Bald war nichts mehr da – kein einziges Körnchen. Die Menschen konnten kein Brot mehr backen, und die Not wurde immer größer.

Da legte eines Tages ein Schiff im Hafen an. Es kam von Ägypten und war über und über mit Getreide beladen. Doch es war nicht für die armen Menschen in Myra bestimmt. Die Seeleute wollten nur Trinkwasser an Bord holen. Viele Männer, Frauen und Kinder liefen zum Hafen. Sie bettelten die Seeleute an: „Bitte, gebt uns von eurem Getreide ab! Unsere Vorratskammern sind leer. Wir können kein Brot mehr backen. Wenn nicht bald ein Wunder geschieht, müssen wir alle sterben!" Die Menschen taten den Matrosen auf dem Schiff Leid. Aber sie durften ihnen nichts abgeben. Der Kapitän hatte es ihnen verboten.

Die Bewohner von Myra liefen zu ihrem Bischof Nikolaus und erzählten von dem Schiff voller Getreide. Nikolaus ging zum Hafen und sprach mit den Seeleuten. Da riefen sie ihren Kapitän. Der bat Nikolaus auf sein Schiff. Der Kapitän weinte. Er hätte den Menschen von Myra so gern geholfen. Aber er konnte nicht. „Wir müssen das Getreide bei unserem Kaiser abliefern. Wenn etwas fehlt, wirft er uns ins Gefängnis und lässt uns töten", erzählte der Kapitän. Nikolaus überlegte eine Weile. Dann antwortete er: „Ihr könnt den armen Menschen ruhig etwas abgeben. Keiner von euch kommt ins Gefängnis oder wird getötet. Ihr könnt mir vertrauen."

Der Kapitän und seine Matrosen taten, was Bischof Nikolaus ihnen gesagt hatte. Sie luden viele Säcke Getreide ab und segelten weiter. Nikolaus bedankte sich beim Kapitän und wünschte ihm und seiner Mannschaft Gottes Segen.

Nun hatte die Not für die Menschen in Myra ein Ende. Sie konnten wieder Brot backen, und alle wurden satt. Es blieben sogar noch genug Vorräte übrig. Einen Sack Getreide gab Bischof Nikolaus den Bauern. Bald fiel nach lange Zeit der erste Regen. Und die Bauern konnten endlich wieder Getreide aussäen.

Als das Schiff Konstantinopel erreichte, war es voll beladen. Es fehlte nicht ein einziger Sack Getreide. Da erzählten der Kapitän und seine Matrosen es allen weiter. Und bald wusste jeder nah und fern, welches Wunder in Myra geschehen war.

Zauberhafte Weihnachtstage

Eigentlich wird es in den letzten Tagen vor dem Fest oft ungemütlich. Parkplätze und Geschäfte sind überfüllt, vor den Kassen im Supermarkt bilden sich lange Warteschlangen. Das kostet Nerven. Deshalb ist es gut, die Weihnachtseinkäufe frühzeitig zu erledigen und Vorratsschränke und Gefriertruhen zu füllen. Die Tage um Weihnachten herum sind nämlich von einem besonderen Glanz erfüllt. Da ist es gut, wenn Eltern die Zeit mit den Kindern genießen.

Gemütliche Teestunde

Zelebrieren Sie zwischendurch mal eine Teestunde. Das ist besonders heimelig, wenn es draußen regnet und stürmt. Es gibt Früchtetee-Mischungen, die gut zur Weihnachtszeit passen. Lassen Sie Ihre Kinder schon beim Öffnen der Teedose daran schnuppern. Brühen Sie den Tee auf und gießen Sie ihn dann durch ein Sieb in Gläser. Stellen Sie kleine Schalen mit Kandiszucker dazu, etwas Zitronensaft und Honig. Da kann jeder experimentieren und dabei seinen Lieblingsgeschmack herausfinden.

Sternengucker

Ein schönes Ritual: Betrachten Sie am Abend des 23. Dezember mit Ihren Kindern den nächtlichen Sternenhimmel. Erzählen Sie ihnen vom Stern von Betlehem, der den Hirten und den drei Weisen aus dem Morgenland den Weg zur Krippe gezeigt hat. Auch über die vielen kleinen Sterne gibt es schöne Geschichten (siehe folgende Doppelseite). Eine hübsche Legende der Indianer: Eines Abends fragte ein kleiner Indianerjunge seinen Großvater: „Woher kommen die Sterne?" Der Großvater überlegte eine Weile und antwortete: „Gott hat mit einer Nadel Löcher in das Himmelszelt gestochen." – „Warum hat er das gemacht?", wollte der kleine Indianerjunge wissen. „Damit die Menschen ein wenig vom goldenen Glanz des Himmels sehen können", gab ihm sein Großvater zur Antwort.

An alte Traditionen anknüpfen

- Schneiden Sie aus Gold- und Silberpapier Sterne. Sie werden mit Sinnsprüchen beschriftet und in einen Korb gelegt. Kinder und Erwachsene, die Weihnachten zu Besuch kommen, können einen Stern aus dem Korb ziehen – Erwachsene einen silbernen, Kinder einen goldenen. Hier zwei Sinnsprüche von Phil Bosmans für Erwachsene: „Humor und Geduld sind die Kamele, mit denen ich durch jede Wüste komme." Oder: „Mit jedem guten Menschen, der auf der Welt lebt, geht eine Sonne auf." Für Kinder eignen sich Sprüche wie: „Es ist so schön, dass du auf der Welt bist!" Oder: „Ich mag es, wenn du mich besuchst!"

- Der Mistelzweig ist ein traditionelles englisches Weihnachtssymbol. Schon die Kelten hängten rund 300 Jahre vor Christus Mistelzweige an die Türen ihrer Häuser. Sie sollten vor bösen Geistern schützen, von denen die Menschen sich besonders um die Zeit der Wintersonnenwende bedroht fühlten. Dieser Brauch hat sich bis heute gehalten. Die Mistelzweige sollen heute keine Geister mehr in die Flucht schlagen, sondern sind ein Zeichen besonderer Vertrautheit und Liebe. Wer nämlich unter einem Mistelzweig steht, darf in den Arm genommen und geküsst werden.

- In vielen Gegenden isst man am Heiligen Abend einen Apfel. Er soll im kommenden Jahr vor Unglück schützen. Im Westen Deutschlands hebt man die Kerne der Äpfel, die man zu Weihnachten gegessen hat, auf und pflanzt sie ein.

- Aus Westfalen stammt der Brauch, sich zu Weihnachten Äpfel zu schenken. Sie müssen sofort aufgegessen werden, damit einem niemals das Geld ausgeht.

Bevor das Christkind kommt

Beim Ablauf des Weihnachtsfestes sind Kinder – ebenso wie beim Zubettgehritual – richtige Zeremonienmeister. Schon die Kleinen erinnern sich genau daran, wie's im letzten Jahr war. Auch die meisten Erwachsenen hängen an den Traditionen ihrer eigenen Familien. Zu wissen, was uns erwartet, gibt ein wunderbares Gefühl von Geborgenheit.

- Das Wohnzimmer ist am Morgen des 24. Dezember plötzlich verschlossen. Wer heimlich durchs Schlüsselloch lauert, schaut gegen ein Stück Stoff mit Sternchen, das den Blick auf Weihnachtsbaum und Päckchen verhindert.
- Zum Frühstück gibt es am Heiligen Abend immer die gleiche Besonderheit: Quittengelee etwa. Wenn das Glas leer ist, kommt vor dem nächsten Heiligen Abend kein zweites auf den Tisch. Auch das sind Rituale, die die Besonderheit des Weihnachtsfestes hervorheben.
- Das Decken der Festtafel für den Heiligen Abend gehört ebenfalls zu den Vorbereitungen, an denen Sie Ihre Kinder beteiligen oder die sie selber in die Hand nehmen können. Nebenbei lernen Mädchen und Jungen ein Kapitel Tischkultur, etwa wie das Besteck angeordnet wird und wie man Servietten stilvoll faltet. Gläser, Besteck und Geschirr werden mit einem Tuch poliert, damit alles schön glänzt. Überlassen Sie die Wahl der Dekoration den Kindern. Stellen Sie kleine rote Weihnachtsäpfel, Nüsse, Tannenzweige, Zapfen, kleine Kerzenhalter und Kerzen bereit.
- Eine Beschäftigung, die in den letzten Stunden zappelige Kinder beruhigt: Bekleben Sie für jedes Kind eine leere Schachtel mit Folie und Goldpapiersternen. Die Kinder dürfen nun Weihnachtssachen sammeln und in ihre „Schatztruhe" legen. Einige Ideen: Reste von Geschenkpapier und Goldfolie, goldene Nüsse, Weihnachtskarten, Weihnachtsbilder aus Zeitschriften und Reste, die beim Basteln nicht verwertet wurden, zum Beispiel Glöckchen, Engelshaar, kleine Holzfiguren.

Gucklöcher für Engel
Ein Weihnachtsmärchen

Lene und Jakob drücken sich ihre Nasen am Fenster platt. „Wann kommen Oma und Opa endlich?!", ruft Jakob ungeduldig. „Sie müssten schon längst hier sein!", seufzt Lene. Da steckt Mama den Kopf zur Kinderzimmertür hinein. Sie lächelt und beruhigt die beiden: „Oma hat gerade angerufen. Sie haben sich etwas verspätet, weil auf der Autobahn ein Stau war. Aber in zehn Minuten sind sie da." Wenn Mama wüsste, wie lang zehn Minuten sein können!

Endlich! Lene und Jakob sehen das rote Auto vorfahren. Sie stürmen aus der Tür, laufen durch den Flur, aus der Haustür hinaus ins Freie, zum Auto. Und ehe sich die Großeltern versehen, schnappt Jakob den Opa und Lene die Oma. „Nicht so wild! Sonst purzeln wir alle vier in den Schnee!", lacht die Großmutter. Da kommen auch Mama und Papa. „Wir möchten auch gedrückt werden", lachen sie. Da schnappt Opa die Mama und Oma den Papa. Die Eltern nehmen den Großeltern das Gepäck ab und tragen es ins Haus. „Wie schön, dass ihr es einrichten konntet, über Weihnachten zu uns zu kommen!", freut sich Mama.

Nach dem Abendbrot werden die Großeltern von Lene und Jakob beschlagnahmt. „Bitte spielt mit uns Mensch-ärgere-dich-nicht!", wünscht sich Jakob. Aber Lene hat einen anderen Wunsch: „Ans Fenster setzen und Sterne angucken!" – „Au ja!", ruft auch Jakob begeistert. Denn die Großeltern wissen viel vom Mond und den Sternen. Und sie kennen so spannende Geschichten.

Es dauert nicht lange, da sitzen Großeltern und Enkel am Kinderzimmerfenster und betrachten die sternenklare Nacht. „Was sind Sterne?", möchte Jakob wissen. Opa antwortet: „Es sind riesige Kugeln aus glühend heißen Gasen." Die Oma lächelt und meint: „Es gibt aber auch noch ganz andere Sterne." – „Welche denn?", rufen Jakob und Lene wie aus einem Munde. Da beginnt die Großmutter zu erzählen:

„Hoch oben im Himmel wohnen die Engel. Sie spielen wie ihr Kinder auf der Erde Versteck und Fangen. Aber wenn der Sommer zu Ende geht, haben sie viel zu tun. Sie helfen dem Christkind, die vielen Weihnachtswünsche der Kinder zu erfüllen. Drei Tage vor Weihnachten sind sie damit fertig. Dann dürfen sie ausruhen. Doch die kleinen Engel sind sehr neugierig. Sie wüssten zu gern, ob sich die Kinder auch über ihre Weihnachtsgeschenke freuen. Deshalb haben sie kleine Löcher in die Himmelsdecke geschnitten – als Gucklöcher, damit sie vom Himmel aus mitten zur Erde und direkt in die Weihnachtszimmer schauen können. Diese Gucklöcher sehen aus wie Sterne. Deshalb glauben die Menschen, dass Weihnachten besonders viele Sterne am Himmel stehen."

Jakob unterbricht die Oma: „Dann sind da oben riesige Gaskugeln und Engel-Gucklöcher." Die Oma lächelt und meint: „Ja, du hast Recht." Sie möchte weitererzählen, doch Lene fragt: „Kann man denn die Engel durch ein großes Fernrohr sehen?" – „Nein", antwortet Oma. „Sie sind so weit von der Erde entfernt, dass wir die Engel unmöglich erkennen können. Nur Großeltern geben sie hin und wieder ein

Zeichen." Nun sind Jakob und Lene vor Aufregung ganz aus dem Häuschen. „Welches Zeichen, Oma?", fragt Jakob. „Haben dir die Engel schon mal ein Zeichen gegeben?", möchte Lene wissen. Da nickt die Großmutter und erzählt weiter:

„Ja, am letzten Weihnachtsfest haben mir die Engel ein Zeichen gegeben. Bestimmt erinnert ihr euch noch an den tollen Kaufmannsladen. Ihr seid ins Weihnachtszimmer gekommen und habt euch so gefreut, dass ihr beinahe den Tannenbaum umgeworfen hättet. Zum Glück hat Papa ihn aufgefangen. Den ganzen Abend haben Mama, Papa, Opa und ich bei euch eingekauft. Als alle im Bett lagen, habe ich noch etwas am Fenster gesessen und zu den Sternen hochgeschaut. Da sah ich einen kleinen Stern. Er blinkte dreimal kurz auf. Ich dachte mir gleich, dass dies das Zeichen eines Engels ist. Da habe ich das Fenster geöffnet und dem Engel hinter seinem Guckloch zugewinkt. Es dauerte nicht lange, da blinkte er wieder dreimal kurz auf."

„Weißt du auch, was dieses Blinken bedeutet hat?", fragt Lene. „Ja", antwortet die Oma. „Es heißt: ‚Ich habe gerade drei Luftsprünge vor Freude gemacht, weil Jakob und Lene so glücklich über den Kaufmannsladen sind.'" – „Glaubst du, dass der Engel dir auch morgen wieder ein Zeichen gibt?", fragt Jakob. „Ganz bestimmt", meint die Oma. „Und wenn er es tut, erzähle ich es euch ganz bestimmt am Weihnachtsmorgen."

Das neue Jahr hat warme Stiefel an

Nach den eher besinnlichen Weihnachtsfesttagen geht es auf der Schwelle zum neuen Jahr lustig zu. Den Jahreswechsel fröhlich feiern, in den Winterferien den Schnee mit all seinen Freuden genießen und sich im Februar unters Narrenvolk mischen: So macht der Winter Kindern und Eltern Spaß.

Mal richtig Krach machen

Silvester ist ein richtiges Familienfest. Und das hat seinen Grund. Die Menschen glaubten früher, es sei gefährlich, zwischen dem alten und neuen Jahr allein zu sein. Denn es würden sich in der Nacht allerlei böse Geister herumtreiben. In Gemeinschaft mit anderen sei man jedoch geschützt – vor allem, wenn zum Jahreswechsel tüchtig geknallt und gepoltert würde. Die bösen Geister gibt's natürlich nicht. Aber das Knallen ist geblieben. Punkt 24 Uhr gibt es in vielen Orten Feuerwerk. Kinder sind oft bereit, am Nachmittag etwas vorzuschlafen, damit sie bis nach Mitternacht durchhalten. Und die Eltern müssen ihren Kindern versprechen, sie kurz vor dem Feuerwerk zu wecken falls sie doch einschlafen sollten.

Radau Marke Eigenbau

Zum Poltern und Knallen müssen es keine gekauften Feuerwerkskörper sein. Die sind teuer und oft nicht ungefährlich. Hier einige alternative Krachmacher:
- Kleine Papiertüten aufblasen, unten zusammenhalten und auf Kommando mit der Faust dagegen boxen. Die Tüten platzen mit lautem Knall.
- Leere Teedosen mit Steinchen füllen und kräftig schütteln.
- Leere Blechbüchsen an Schnüren befestigen; jedes Familienmitglied bekommt kurz vor Mitternacht eine Schnur an den Fuß gebunden; nun laufen alle mit den scheppernden Dosen los und begrüßen lärmend das neue Jahr.

Orakel befragen

An Silvester ist es üblich, schon mal einen Blick ins neue Jahr zu versuchen. Beispiel: Wachsgießen. Jeder lässt von einer brennenden Kerze 20 Wachstropfen in eine Schüssel mit Wasser tropfen. Das Wachs erstarrt sofort und formt sich zu einem Gebilde. An dessen Form soll man erkennen können, was das nächste Jahr bringt. Ein Boot? Dann geht's vielleicht im Urlaub ans Meer. Ein Regenschirm? Hoffentlich beschert uns das neue Jahr nicht allzu oft Regen!

Die Narren sind los

Lustig und bunt geht's auch im Fasching zu. In manchen Gegenden heißt das Narrentreiben Karneval oder Fastnacht. Kinder lieben das Fest, weil sie verkleidet herumlaufen und einmal eine ganz andere Rolle spielen dürfen. Gerade schüchternen Kindern hilft es, sich in einen starken, verwegenen Helden hineinzuversetzen. Sie verkleiden sich als Cowboys, Indianer oder Piraten. Andere ziehen Hexen-, Zauberer- oder Löwenkostüme an und dürfen sich drei Tage lang mächtiger als Erwachsene fühlen. Auch Prinzessinnen, Feen und Elfen gibt es. Kleine Mädchen, die sich sonst gegenüber Jungen behaupten, zeigen mit ihrer Verkleidung auch gern mal eine andere Wesensart. Kinder mögen es übrigens, wenn ihre Eltern mitmachen und sich ebenfalls verkleiden. Gehen Sie zum Kinderfasching, schauen Sie sich gemeinsam die Umzüge an. Backen Sie Faschingskrapfen und schmücken Sie die Wohnung mit Luftschlangen, Luftballons und bunten Lampions.

Schöne Tage im Schnee

Zwischen Weihnachten und Silvester, zwischen Neujahr und Fasching, aber auch darüber hinaus gibt es immer wieder tolle Wintertage mit viel Schnee.

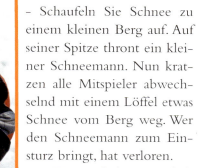

Genießen Sie mit den Kindern diese – in manchen Gegenden eher seltenen – Gelegenheiten zum Austoben im Freien. Über Nacht gefallener Neuschnee verheißt ausgiebige Spaziergänge und Schlittenfahrten durch weiße Winterlandschaften. Am meisten Spaß machen solche Expeditionen in Gesellschaft anderer Eltern und Kinder.
- Ein Spiel, das vor der Brotzeit für etwas Abwechslung sorgt: Ein Erwachsener geht voran. Die anderen folgen fünf Minuten später seinen Spuren. Am Ziel warten lecker belegte Brote und eine Thermoskanne mit heißem Tee auf die Spurensucher.
- Und dann geht's ans Schneemann-Bauen. Oder darf es auch ein Schnee-Ungeheuer sein? Bauen Sie gemeinsam mit den Kindern Fantasiefiguren aus Schnee.
- Schaufeln Sie Schnee zu einem kleinen Berg auf. Auf seiner Spitze thront ein kleiner Schneemann. Nun kratzen alle Mitspieler abwechselnd mit einem Löffel etwas Schnee vom Berg weg. Wer den Schneemann zum Einsturz bringt, hat verloren.
- Wer es lieber sportlich mag, für den ist Rodeln das richtige Freizeitvergnügen. Legen Sie bunte Stoffstreifen entlang der Rodelstrecke aus. Die Kinder sausen jeweils mit einem Erwachsenen den Hang hinunter. Sieger ist das Team, das bei der Abfahrt die meisten Streifen eingesammelt hat.

Spiele mit Schneebällen

- Ein Kind wirft einem anderen Schneebälle zu, die mit einer Pappschachtel aufgefangen werden müssen.
- Jeder baut aus Schneebällen einen Turm, indem er immer einen Ball auf den anderen setzt. Wer schafft den höchsten?
- Auf einer Bank stehen fünf leere Pappforollen. Sie sollen mit Schneebällen herunter geschossen werden. Jeder Spieler hat fünf Würfe. Wer landet die meisten Treffer?

Margret Nußbaum, Journalistin und Buchautorin, arbeitet im Redaktionsteam des Elternmagazins „Leben & erziehen". Dort befasst sie sich regelmäßig mit Themen rund ums Elternsein, betreut den Bereich Kinderbeschäftigung und schreibt monatliche Gute-Nacht-Geschichten für Kleinkinder. Sie ist ständige Mitarbeiterin weiterer Zeitschriften mit Schwerpunkt Familie und Kindergarten und hat mehrere Ratgeber zum Thema Erziehung veröffentlicht. Darüber hinaus ist sie Autorin vieler Kinderbücher, Märchen und Beschäftigungsbücher.

Petra von Vogel, Illustratorin und Malerin, wurde in Hamburg geboren.
Nach ihrer Ausbildung begann sie ihre berufliche Tätigkeit beim Fernsehen in Sydney. Später kehrte sie nach Hamburg zurück und arbeitete dort als freie Illustratorin und Malerin. Petra von Vogel ist verheiratet und hat zwei Kinder. Seit 2001 lebt sie in Dresden.

© Christophorus im Verlag Herder
Freiburg im Breisgau 2005
www.christophorus-verlag.de

Alle Rechte vorbehalten
Printed in Germany

ISBN 3-419-53224-5

Dieses Buch ist urheberrechtlich geschützt. Jede gewerbliche Nutzung der Texte, Lieder, Abbildungen und Illustrationen, ein Nachdruck, auch auszugsweise, sowie die Verbreitung durch Fotokopien, Internet und elektronische Medien, durch Film, Funk und Fernsehen ist untersagt und wird zivil- und strafrechtlich verfolgt. Bei Anwendung im Unterricht und in Kursen ist auf dieses Buch hinzuweisen.

Illustrationen: Petra von Vogel

Coverfotos: Heidi Velten

Fotos:
Ulrich Niehoff, Seiten 8, 26, 50
Miguel Perez, Seiten 14, 30
Heidi Velten, Seite 44
Jutta Weser, Seiten 27, 59
Karin Wintterle, Seiten 20, 42

Umschlaggestaltung: Network!, München

Layoutentwurf und Produktion:
Uwe Stohrer Werbung, Freiburg

Herstellung: Himmer, Augsburg 2005

Christophorus
Bücher mit Ideen

3-419-**53635**-6

3-419-**53631**-3

3-419-**53623**-2

3-419-**53622**-4

3-419-**53061**-7

3-419-**52946**-5

Bücher für Kindergarten und Familie

Bücher für Kinder

Hobby- und Bastelbücher

Wir sind für Sie da, wenn Sie Fragen haben. Und wir interessieren uns für Ihre eigenen Ideen und Anregungen. Faxen Sie, schreiben Sie uns, wir hören gern von Ihnen.

Ihr Christophorus-Team

CHRISTOPHORUS

Verlag Herder GmbH
Christophorus-Verlag
Hermann-Herder-Straße 4
79104 Freiburg
Telefon: 0761 / 2717 - 0
Fax: 0761 / 2717 - 352
E-Mail: info@christophorus-verlag.de